カンタン！スグできる！製作あそび

やさしさいっぱい！
春夏秋冬アイディア135

- 手順ごとのわかりやすい作り方 
- 子どもが楽しく作れる  
- 3段階難易度付き 
- 製作の基本もわかる 
- バリエーションいっぱい

はじめに

　小さくてポケットやカバンにさっと入って、いつでもどこでも見られる製作の本があれば、保育する人たちの助けになると思ったのがこの本を作るきっかけでした。
　収めた135の作品は、保育の現場で日々奮闘している9名の製作協力者と私たちで何度も話し合い、試作を繰り返して作り上げたものです。
　「子どもたちの思いを大切に、指導優先になりがちな行事の製作を子どもたちも保育者も楽しく取り組めるものにしたい」という思いを小さな
　この本が、いつもみなさんのそばにあり、役だてて
　また出版にあたり、私たちの思いを形にしてくだ
はじめ皆様に、心よりお礼を申し上げます。

この本のいいところ

子どもたちと保育者へのやさしさがいっぱい!!

こいのぼり、七夕飾り、クリスマス製作…など、
季節や行事に製作はかかせません。

- 毎年同じものになってはいけない!
- ほかのクラスと重ならないように
- 材料が手に入らない
- じっくり考える時間がない
- 子どもたちに無理のないものって?

⬇

子どもたちと保育をする先生方が
安心して楽しく「製作あそび」ができるように
やさしさを込めて作りました。

やさしさ1　作り方が❶・❷・❸…と 手順ごとでカンタン!

(例) ❶○○○を作る→❷△△△を①にはる→❸色紙で□□を作って飾るなど、ひとつひとつ手順ごとに整理して作り方を示しているので、順序がわかりやすく安心して取り組めます。

やさしさ2　手描きでわかりやすい 作り方イラスト

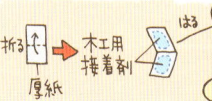

やさしさ1で示した手順ごとの作り方に、手描きでカラーのイラストがついているので、作り方が見てすぐわかる!

やさしさ3　子どもが楽しんで作れる ものばかりを紹介

どの子もみんな同じ大きさ、素材、描き方で作らせていては、個性のないものになってしまいます。基本の作り方は押さえつつ創造力を発揮しながら楽しく描いたり作ったりできるようなものばかりを紹介しています。

季節や行事に使えるものと1年中いつでも使えるものを紹介

- 春（4月～6月）　● 夏（7月～8月）　● 秋（9月～11月）　● 冬（12月～2月）
- 早春（3月）　● 1年中（4月～翌年3月）の季節や行事に沿って紹介しています。

難易度を3段階で表示 …選ぶときの目安に

- 子どもの状態に合わせて取り組めるように、難しさの目安を表示。
  - ★☆☆ 3歳児向け　★★☆ 4歳児向け　★★★ 5歳児向け

基本形からいろいろ広がるバリエーション

基本の作り方をもとに素材や飾り方を変えるだけで、いろいろなものに広がります。見開きで紹介しているページでは、そんなバリエーション例を載せています。アイディアしだいでアレンジできることがひとめでわかります。

製作の基本がわかる 製作基本のき

P.121～道具の使い方や紙製作の基本、素材の使い方、技法についてギュッとまとめています。造形表現全般に役だつことまちがいなし。保育が豊かになりますよ。

CONTENTS

1　はじめに　　　　2・3　この本のいいところ

春 4月～6月
楽しいアイディアがいっぱい！
こいのぼり、プレゼント、
時計の製作

こいのぼり
- 8　にじみこいのぼり
- 9　プチプチこいのぼり
- 10　クルクルギザギザこいのぼり
- 11　三角ウロコのこいのぼり
- 12　技法遊びこいのぼり (バリエーション付)
- 14　卓上こいのぼり
- 15　紙粘土で作るこいのぼり
- 16　こいのぼりバッグ
- 17　かんむりこいのぼり

母の日・父の日
- 18　お手紙ボックス
- 19　リサイクルストラップ
- 20　カラフルフォトフレーム (バリエーション付)
- 22　プチプチシートの花びん
- 23　コースターDEペンダント

時の記念日
- 24　フラワーペンダント時計
- 25　キラキラ掛け時計
- 26　動物時計 (バリエーション付)
- 28　ハトの置時計

夏 7月～8月
彩りきれいなササ飾りと
夏祭りにぴったりな
アイテムがいっぱい！

七夕
- 30　色紙の模様切り
- 31　両面折り紙のクルリン飾り
- 32　天の川いろいろ
- 33　折り紙のつなぎ飾り
- 34　つなぎ飾りをアレンジ
- 35　輪つなぎ星飾り
- 36　クルクルササ飾り
- 37　ササ舟にのった織姫彦星
- 38　お願いロケット (壁面アレンジ付)
- 40　ハンガーを使った七夕飾り
- 41　園芸ネットを使った七夕飾り

夏祭り
- 42　さかな釣りゲーム (バリエーション付)
- 44　ペットボトルの風鈴
- 45　クルクル回る風鈴
- 46　かわいい模様のちょうちん
- 47　カラーセロハンキラキラちょうちん
- 48　染め紙を使ったあんどん

秋 9月〜11月

おじいちゃん・おばあちゃんが喜ぶプレゼントや、秋ならではの素材を使って!

敬老の日

- 50 ミラー付めがね入れ
- 51 クリアファイルのレターラック
- 52 小物入れアラカルト
  (バリエーション付)
- 54 ありがとうのメッセージカード
- 55 スクラッチのしおり

秋の自然

- 56 紙粘土と自然物のバリエーション
  (バリエーション付)
- 58 麻ひもまきまき壁飾り

冬 12月〜2月

クリスマス、正月、節分。飾って、遊んで、豆まきして…行事がいっぱい!

クリスマス

- 60 円すい形で作るクリスマスツリー
  (バリエーション付)
- 62 ペットボトルツリー
- 63 ひも通しツリー
- 64 アルミホイルツリー
- 65 ふさふさリース
- 66 プチプチリース
- 67 紙皿リース
- 68 牛乳パックのブーツ
- 69 円柱形から作るオーナメント
- 70 飛び出すクリスマスカード
  (バリエーション付)

正月遊び

- 72 ビー玉DEコマ
- 73 紙コップDEコマ
- 74 カラフル皿回し
- 75 ものまねすごろく
- 76 立体すごろく
  (コマのバリエーション付)

節分

- 78 色画用紙のかんむりお面
- 79 紙袋のカラフルお面
- 80 片段ボールで作るお面
  (バリエーション付)
- 82 紙皿で作るお面
- 83 ツノツノ帽子
- 84 牛乳パックの豆入れバッグ

早春 3月

かわいいおひなさまといつまでも使ってもらいたい卒園プレゼント

おひなさま

- 86 円柱形おひなさま
  (壇びなへのアレンジ付)
- 88 円すい形おひなさま
- 89 果物ネットのおひなさま
- 90 アルミホイルのキラキラびな
- 91 フラワーペーパーのおひなさま
- 92 紙皿のゆらゆらびな
- 93 紙皿の壁掛けびな
- 94 おでかけバッグびな
- 95 緩衝材のプチびな

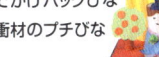

卒園プレゼント

- 96 おかたづけペン立て
- 97 紙粘土のマグネット
- 98 1年生の時間割・カレンダー
  (バリエーション付)
- 100 小箱で作る小物入れ

1年中

ごっこあそびなど、いつでも使えるアイディアがいっぱい！

食べ物屋さん

- 102 とろとろクリームのケーキ（バリエーション付）
- 104 トイレットペーパー粘土のミニケーキ
- 105 とろとろクリームのパフェ
- 106 おいしいドーナツ屋さん
- 107 サンドイッチアラカルト
- 108 にこにこ弁当（おかずのバリエーション付）

おしゃれ屋さん

- 110 おしゃれな洋服屋さん（バリエーション付）
- 112 クラフト紙のポンチョ
- 113 アイディアいっぱい！かんむり
- 114 画用紙で作るキャップ＆ハット
- 115 牛乳パックのおしゃれ靴
- 116 紙袋の動物リュック

おもちゃ屋さん

- 117 いっしょに遊ぼう！ビー玉転がし
- 118 お友達いっぱい！指人形
- 119 キラキラシートで作る万華鏡
- 120 あっちこっちけん玉

製作 基本のき

造形表現全般におおいに役立つ基礎知識

用具の基本的な使い方 122

ハサミ／テープ／のり

紙製作の基本 123

階段折り／カール／リング／
じゃばら折り／窓を開ける／
円柱／円すい／四角柱

素材の使い方 124・125

フラワーペーパー／クレープ紙／
片段ボール／モール／スズランテープ／
アルミホイル／でんぐり

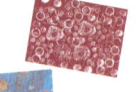

平面技法いろいろ 126・127

染め紙／はじき絵／
にじみ絵／デカルコマニー／
マーブリング／ローリング／
スタンピング／スクラッチ

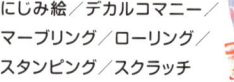

春 こいのぼり

[にじみこいのぼり]

障子紙や和紙に水性フェルトペンで描き、霧吹きで水をかけると、にじんできれいな模様ができます。

難易度 ★☆☆

❶ 障子紙や和紙に水性フェルトペンで描き、水でにじませる

❷ 筒状にはり、こいのぼりを作る

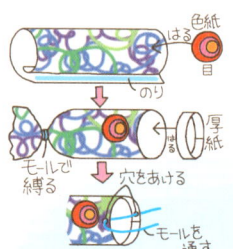

❸ 吹き流しを作る

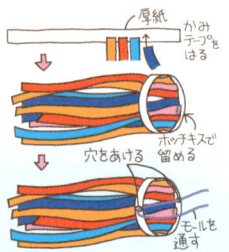

 準備するもの ● 障子紙または和紙 ● 厚紙 ● モール ● 色紙 ● 紙テープ（吹き流し用） ● 水性フェルトペン ● のり ● ホッチキス ● ハサミ ● 一穴パンチ ● 霧吹き ● 新聞紙

春 こいのぼり

[プチプチこいのぼり]

油性フェルトペンで、気泡に合わせて描いたり塗ったり、ぐるぐるなぐり描きをしたり。
ツルツルとした描き心地が楽しめます。

難易度 ★☆☆

❶ プチプチシートに模様を描く

❷ ①を筒状にしてはる

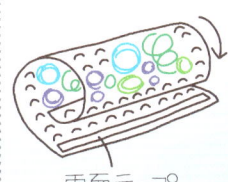

❸ 目をはって、尾をモールで縛る

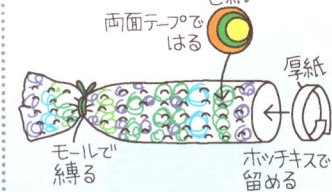

 準備するもの ●プチプチシート ●厚紙 ●色紙 ●モール ●油性フェルトペン ●両面テープ ●ホッチキス ●ハサミ

9

春 / こいのぼり

[クルクルギザギザこいのぼり]

テープ状の紙を使って、丸めたり折ったり。
はり方の工夫で、いろいろな表現が楽しめます。

難易度

❶ こいのぼりの形を作る

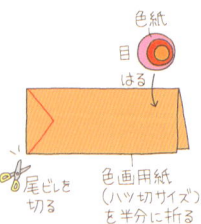

❷ ①を開き、ウロコを飾る

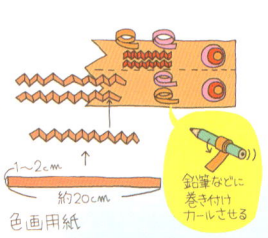

❸ 体を作り、口に合わせて厚紙をはる

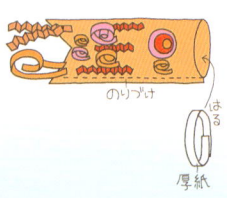

 テープ状の紙を縦にはったり横にはったり…。ひとりひとりの工夫やこだわりを大切に!

 準備するもの ●色画用紙 ●色紙 ●厚紙 ●のり ●ハサミ ●鉛筆 など

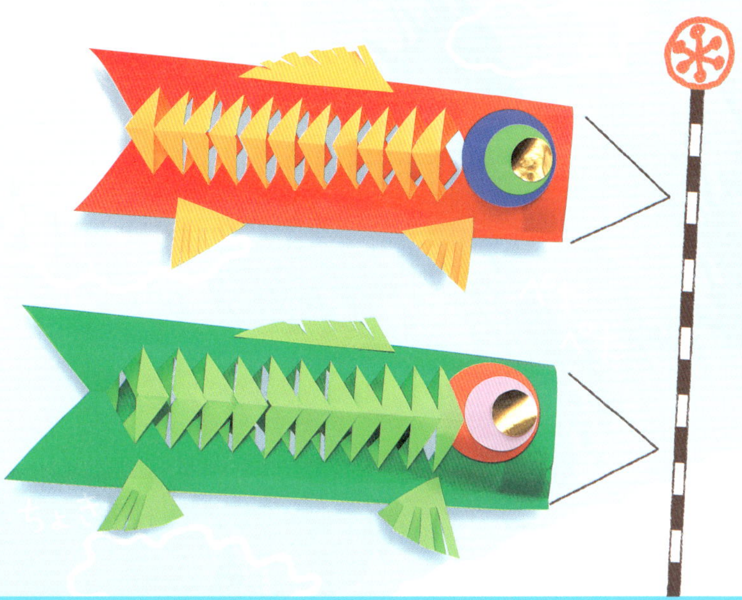

[三角ウロコのこいのぼり]

半分に折って斜めに切り込みを入れ、立てていくと
三角ウロコのできあがり。両面の色の違いを生かしています。

難易度 ★★★

❶ 切り込みを入れて ウロコにする

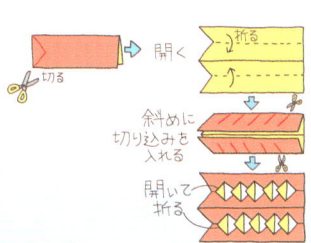

❷ 目を付けて、口に合わせて厚紙をはる

❸ ヒレを付ける

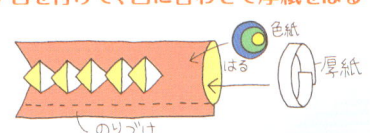

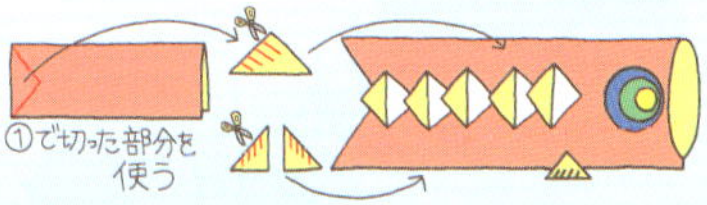

Point 切り込みは、しっかり斜めに入れましょう。

準備するもの
- 表と裏で色が異なる色画用紙 または大きな両面折り紙
- 色紙 ● 厚紙 ● のり ● ハサミ

春 こいのぼり

春

こいのぼり

［技法遊びこいのぼり］

絵の具やパスを使ってきれいな模様を作ります。
口に丸めた厚紙を入れることで、立体感が出ます。

難易度 ★☆☆

❶ ローラーで模様を付ける
（ローリングについてはP.127参照）

❷ 目やヒレをはり、こいのぼりを作る

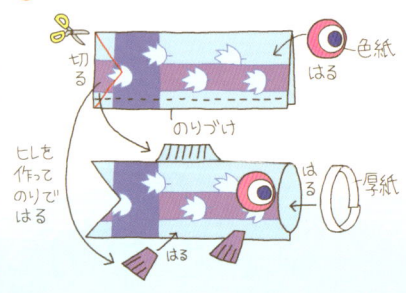

準備するもの ●画用紙 ●厚紙 ●色紙 ●絵の具 ●のり ●ハサミ ●ローラー ●葉 ●新聞紙 ●絵の具を入れるトレー

 バリエーション 年齢に合った技法遊びを取り入れましょう。

春 こいのぼり

はじき絵

クレヨンやパスが絵の具をはじいてきれい。
（P.126参照）

スタンピング

トントンとスタンプを重ねたり、並べたり。

（P.127参照）

にじみ絵

絵の具が広がって混ざっていきます。（P.126 B 参照）

春 こいのぼり

[卓上こいのぼり]

段ボールに差した竹ひごは、動かして遊ぶことができます。
お部屋に飾れば、おうちの中も節句気分でいっぱいです。

難易度 ★★★

❶ 段ボール片に屋根や窓を付ける

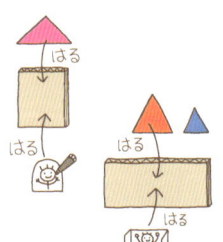

❷ 木工用接着剤で、段ボールの台紙に①をはる

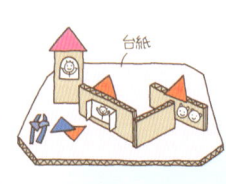

❸ 竹ひごにこいのぼりをはり、②の段ボールに差す

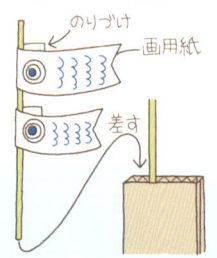

● 段ボール ● 色画用紙 ● 千代紙 ● 竹ひご ● 台紙(段ボール+色画用紙)
● フェルトペン ● のり ● 木工用接着剤 ● ハサミ

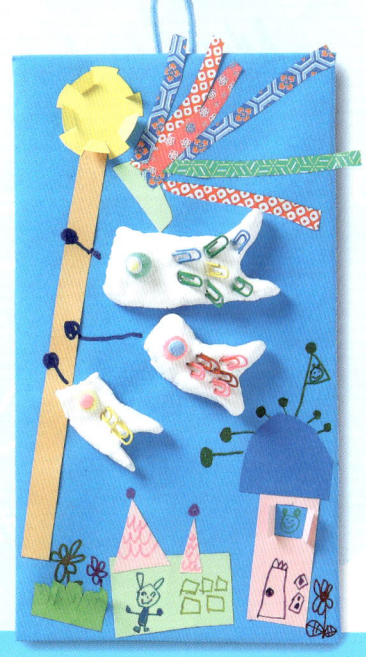

春 ｜ こいのぼり

［紙粘土で作るこいのぼり］

紙粘土にクリップなどを差してウロコを作ります。
壁に飾ったこいのぼりもすてきです。

難易度

★★☆

❶ 紙粘土でこいのぼりを作る

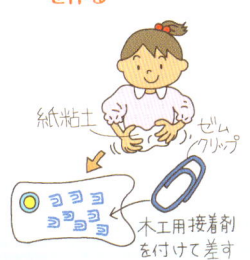

❷ 台紙にこいのぼりの棒などと①をはる

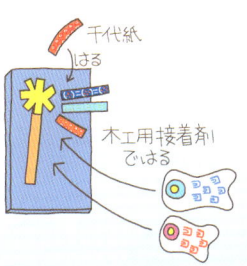

❸ 家などを作ったり、描いたりして完成

準備するもの ●紙粘土 ●カラーゼムクリップ ●色画用紙 ●千代紙 ●台紙（段ボール＋色画用紙） ●フェルトペン ●のり ●木工用接着剤 ●ハサミ ●モール

春

こいのぼり

[こいのぼりバッグ]

ウロコには、マーブリングした紙や染め紙を使っています。
こどもの日のお菓子を入れて家に持ち帰ってもいいですね。

難易度 ★★☆

① 色画用紙を折り、のりではる

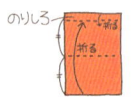

② 尾の部分を切り落とし、のりではる

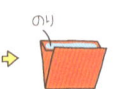

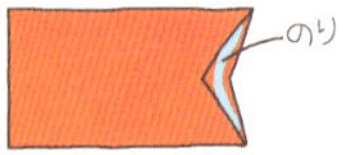

③ 目・ウロコ・ヒレをはる

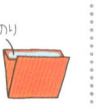

ウロコの作り方
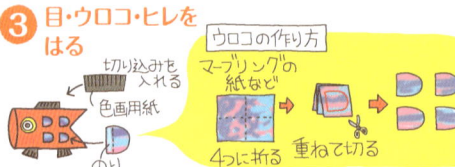
マーブリングの紙など / 4つに折る / 重ねて切る

④ 口に合わせた厚紙をはり、持ち手のひもを付ける

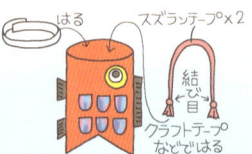
はる / スズランテープ×2 / 結び目 / クラフトテープなどではる

 準備するもの
● 色画用紙 ● マーブリングした紙や染め紙など ● 厚紙 ● スズランテープ
● のり ● クラフトテープ など ● ハサミ

春 こいのぼり

［かんむりこいのぼり］

赤と青の画用紙を使い、真鯉と緋鯉をひとつにまとめました。
頭につけるとお空を飛んでいきそうです。

難易度 ★★★

| 保育者の準備 | 〈色画用紙〉 | 〈ベルト〉 |

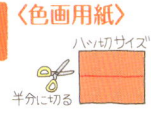
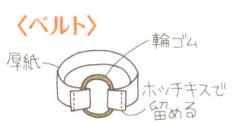

❸ ベルトを2枚のこいのぼりで挟むようにしてはる

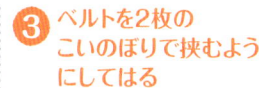

❶ こいのぼりの形を作る

❷ ウロコやヒレをはる

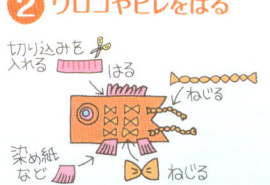

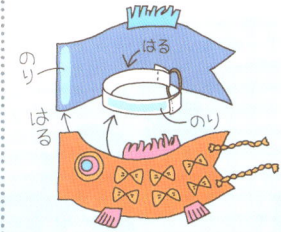

準備するもの
● 色画用紙 ● 染め紙など ● 厚紙 ● 輪ゴム ● ホッチキス ● のり ● ハサミ

春 ― 母の日・父の日

［お手紙ボックス］

お手紙を通して親子の会話が弾むことまちがいなし。
家に持ち帰って、絵手紙がどんどん増えるとうれしいですね。

難易度 ★☆☆

❶ 牛乳パックを切る
（保育者が前もって用意してもOK）

❷ ①をいろいろな素材で飾る

飾りいろいろ
- ビニールテープや、シールをはる
- 油性フェルトペンで描く
- 色紙の重ね切りや切り紙を木工用接着剤ではる　など

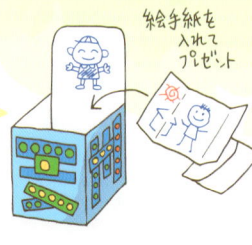

絵手紙を入れてプレゼント

 Point
牛乳パックには水性フェルトペンやのりの使用は不適切。油性フェルトペンや木工用接着剤を使いましょう。

 準備するもの
- 牛乳パック
- 画用紙
- 飾り（ビニールテープ、色紙、シール など）
- 油性フェルトペン
- 木工用接着剤
- ハサミ

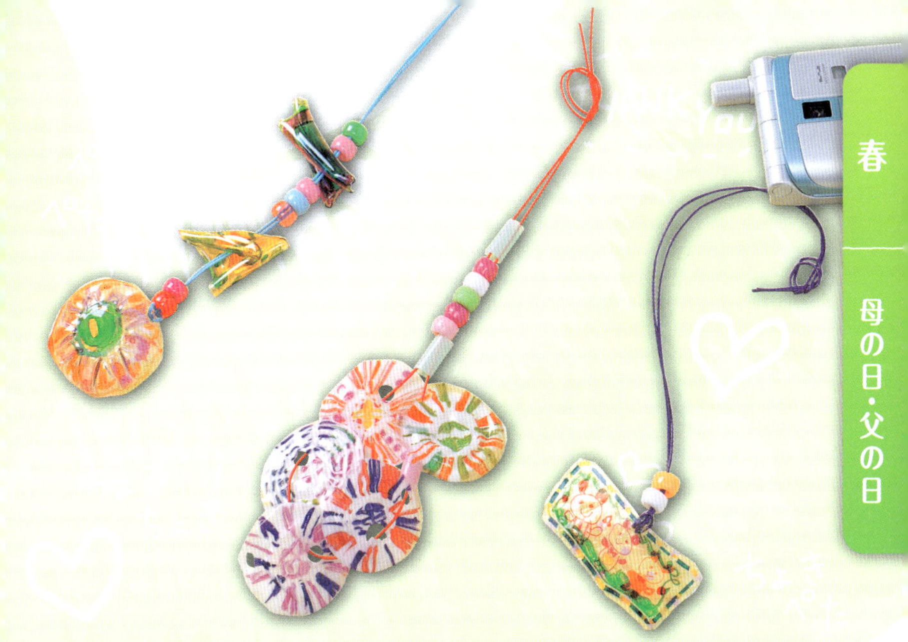

春　母の日・父の日

[リサイクルストラップ]

ペットボトルやプラスチック板に油性フェルトペンで描き、
オーブントースターで焼きます。
いろいろな素材を試してみましょう。

難易度 ★★★

保育者の準備
プラスチック容器、ペットボトル、卵パックなどを適切な大きさに切り、パンチで穴をあけておく

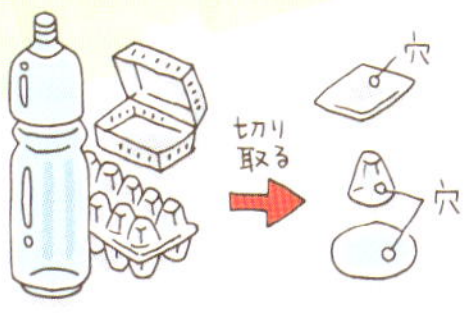

① 油性フェルトペンで描きオーブントースターで焼く

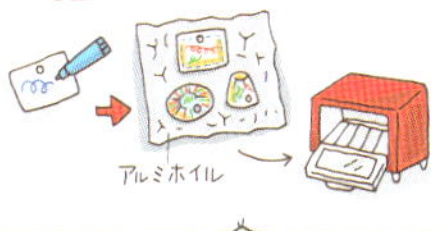

② 縮んできたらアルミホイルごと取り出す
平たくしたいときはすぐに平らなもので上から押さえる
ぺったんこ

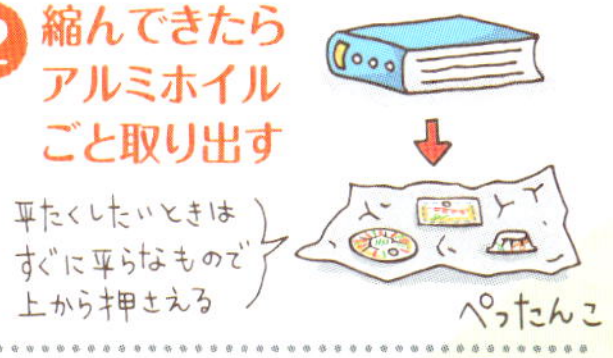

③ ひもにストローやビーズとともに通す

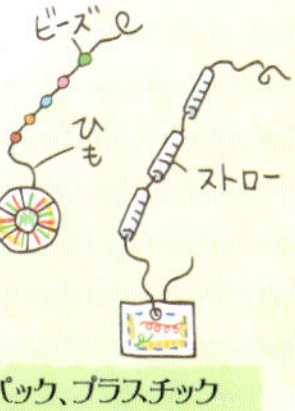

Point 熱くて危険であることを話したうえで、描いたものをひとりずつ焼き、変化のようすを見せてあげましょう。

準備するもの
- プラスチック素材（プラスチック板、卵パック、ペットボトルなど）
- ひも（水引など）　● ビーズ　● ストロー　● アルミホイル
- 油性フェルトペン　● 一穴パンチ　● オーブントースター

春 ／ 母の日・父の日

［カラフルフォトフレーム］

フレームの素材を工夫することで、
かわいい子どもの写真がよりいっそう輝きます。

難易度 ★☆☆

① 段ボールを紙で包む

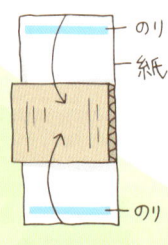

② ①の中央に写真より少し大きめの色画用紙をはる

写真より少し大きめの色画用紙

③ 周囲を飾る

④ 写真をはり、クリップまたは洗濯バサミを挟む

 準備するもの
- 段ボール
- 色画用紙
- クリップまたは洗濯バサミ
- 飾り付けるもの（毛糸、ボタン など）
- 木工用接着剤
- ハサミ

 いろいろな素材を見つけよう！

春　母の日・父の日

片段ボール

チョキチョキ切った片段ボールをペタペタ。

クレープ紙とオーロラ紙

クレープ紙のリボンやフリルをいかして。

レースペーパーとリボン

レースの飾りがとても華やか。

穴あけパンチで作った紙とフラワーペーパーをアレンジして。

色画用紙とフラワーペーパー

春 | 母の日・父の日

[プチプチシートの花びん]

模様をつけたプチプチシートで、ペットボトルを包みます。
透明感があってとてもきれいです。

難易度 ★☆☆

① ペットボトルをアルミホイルで巻く

ペットボトル
アルミホイル

② プチプチシートに模様をつける

カラーセロハンをテープではる
プチプチシート

③ ①を②で包み、リボンを巻く

リボン
セロハンテープでプチプチシートとペットボトルを留める

準備するもの ●ペットボトル ●プチプチシート ●アルミホイル ●リボン ●カラーセロハン ●油性フェルトペン ●セロハンテープ

春 母の日・父の日

[コースターDEペンダント]

絵を描いたコースターにストローやビーズなどを
ひもに通して飾ります。通し方もいろいろ。

難易度 ★☆☆

❶ コースターに絵を描く

コースター、または厚紙

パンチで穴をあけておく

❷ リボンにビーズなどを通しながら①にも通す

通すもの

● リボン
テープを巻いておく
ビーズをくくり付けておく
30cm〜50cm

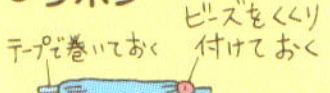

● 花・葉
クラフトパンチで抜く

● ビーズ・ストロー
ストローを切っておく、または、枕用のビーズを使ってもOK!

❸ 首に掛けられるよう、リボンを通す

Point
材料の選び方や通し方にその子なりのこだわりが出てきます。
きれいさだけでなく、こだわりにも目を向けてあげましょう。

準備するもの
● 紙のコースターまたは厚紙 ● リボン
● 通すもの（ストロー、ビーズ、色画用紙 など）
● 一穴パンチ

春　時の記念日

✦[フラワーペンダント時計]✦

ふた付きの透明容器にフラワーペーパーを入れています。
周りに花びらを付けて、カラフルなフラワーペンダントのできあがり!

難易度 ★☆☆

❶ カップのふたで時計の文字盤を作る

穴をあける／シール／モールを通してねじる

❷ リボンを付けたカップにフラワーペーパーを入れる

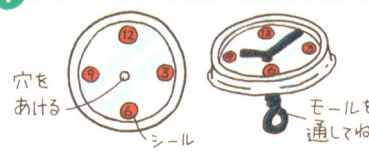
フラワーペーパー／閉める／穴／リボン

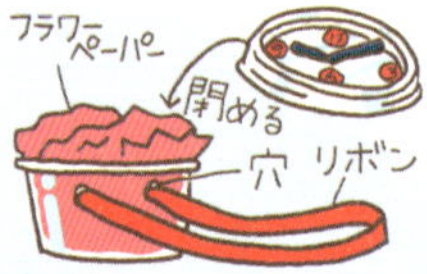

❸ ②の周りに両面テープをはり、花びらを付ける

花びらいろいろ（色画用紙）／はる／両面テープ

準備するもの ●ふた付き透明カップ(リボンを付けておく) ●フラワーペーパー ●色画用紙 ●シール ●モール ●リボン ●油性フェルトペン ●両面テープ ●目打ち

春　時の記念日

[キラキラ掛け時計]

アルミ皿の周りにアルミホイルやモール、カラーセロハンで
飾りを付けました。光が当たるとキラキラ光ってとってもきれい！

難易度 ★★☆

① アルミ皿にわりピンで時計の針を付け、数字をはる

② アルミホイルをひも状にする

③ ②やモールを鉛筆や指に巻き付ける

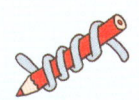

④ ①に③やカラーセロハンで飾り付ける

準備するもの
●アルミ皿 ●アルミホイル ●わりピン ●色画用紙 ●カラーセロハン ●モール
●ビニールテープ ●油性フェルトペン ●セロハンテープ ●鉛筆 など

春 時の記念日

［動物時計］

円すい形や円柱形を基本に、いろいろな動物を作ります。
お腹の時計の針は、わりピンで動きます。

難易度 ★★★

1 円柱で胴体を作る
 円すいで胴体を作る

3 時計の文字盤を作る

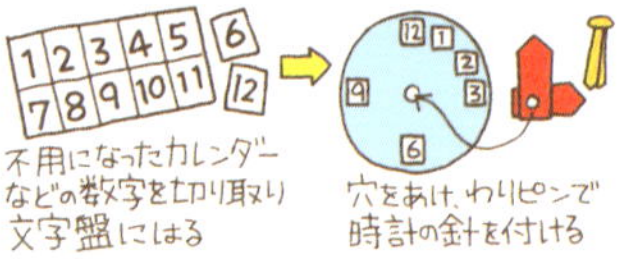

不用になったカレンダーなどの数字を切り取り文字盤にはる

穴をあけ、わりピンで時計の針を付ける

2 顔や手足を作り、①にはり、動物を作る

4 ②に③をのりで、はり付ける

 準備するもの　●色画用紙　●わりピン　●数字が書かれた紙　●のりまたは木工用接着剤　●ハサミ

バリエーション 基本形を基に展開を考えましょう。

春　時の記念日

ゾウ

顔、体、足、を円柱形で、耳を円すい形で作っています。

パンダ

体を円柱形で作っています。

ネズミ

耳、顔、体を円すい形で作っています。

ライオン

円すい形の体にじゃばら折りの足。
たて髪は、ちぎった紙で。

春　時の記念日

［ハトの置時計］

牛乳パックに片段ボールで屋根を付けたハト時計。
じゃばら折りでハトが飛び出します。

難易度 ★★☆

❶ 時計の文字盤を作る

穴をあけわりピンで時計の針を付ける

色画用紙　色画用紙

❷ 窓を作る

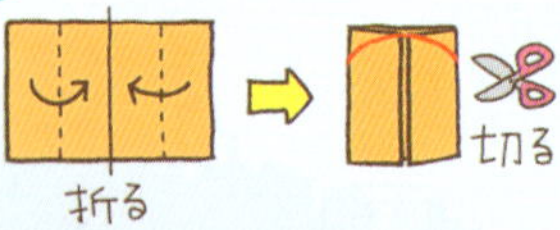

折る　切る

❸ 画用紙にハトを描き、②にはる

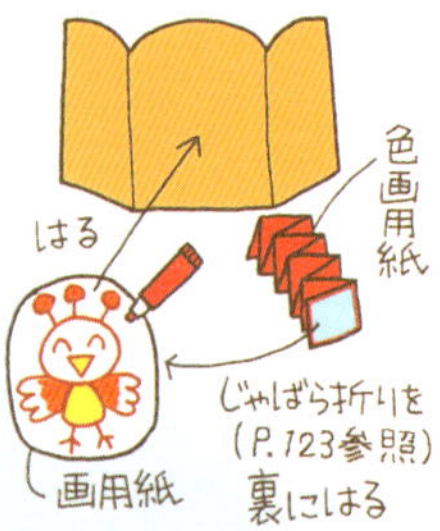

はる　色画用紙

じゃばら折りを（P.123参照）裏にはる

画用紙

❹ 牛乳パックに屋根、①、③をはる

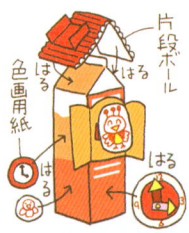

片段ボール　はる　はる
色画用紙
はる
はる

準備するもの

●牛乳パック　●片段ボール　●わりピン　●色画用紙
●フェルトペン　●木工用接着剤　●ハサミ　●目打ち

夏 / 七夕

D B A
C

［色紙の模様切り］

色紙を四角や三角に折り、切って模様を作ります。
折り方や切り方でいろいろな模様が楽しめます。

難易度 ★☆☆

1 四角や三角に何回か折る

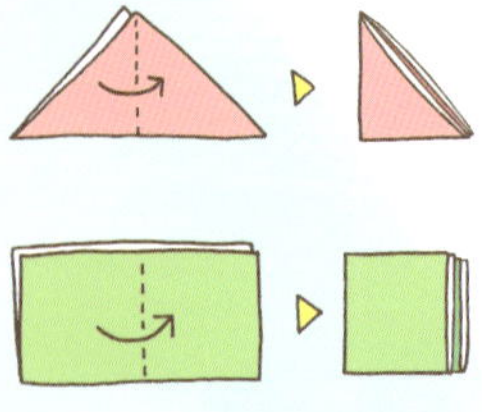

2 ①を切っていく

角を切る A 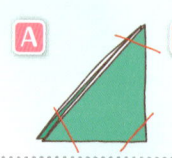 B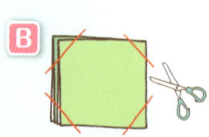

切り方を工夫する C  D

どんな模様ができるか、開くのが楽しみ！

Point ハサミは刃の先を使うのではなく、ハサミの口を大きく開け、刃の根元のほうで切りましょう。

準備するもの ●色紙 ●ハサミ

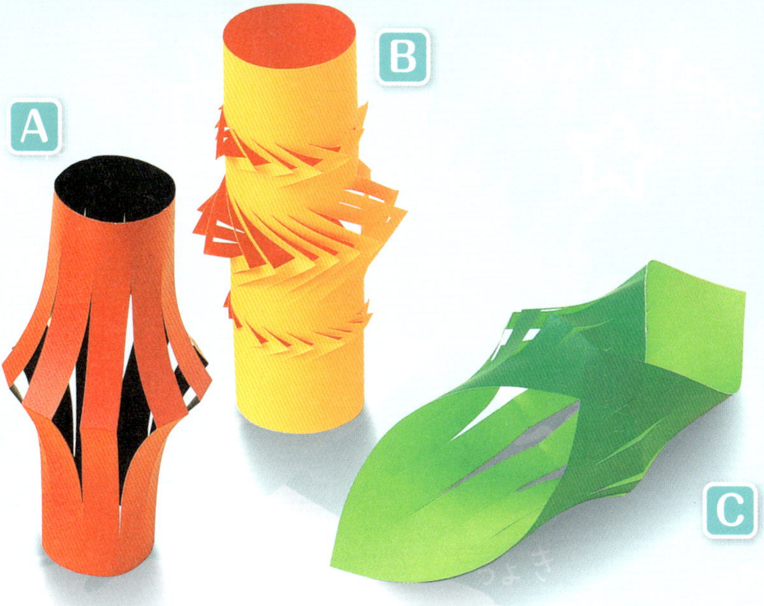

夏 七夕

［両面折り紙のクルリン飾り］

切り込みを入れて丸めます。両面折り紙を使うことで、
2色のコンビネーションが楽しめます。

難易度 ★★☆

  半分に折って、折り目のほうに切り込みを入れる

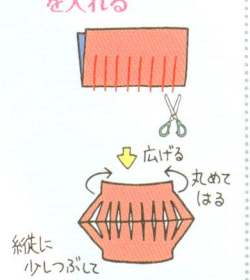

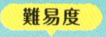 半分に折って、斜めに切り込みを入れる

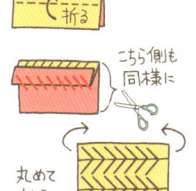

  三角に折って、切り込みを入れる

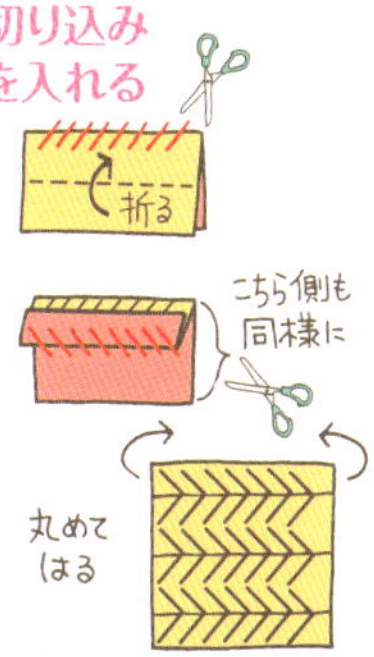

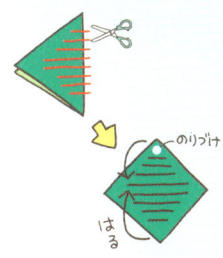

 準備するもの　●両面折り紙　●ハサミ　●のり

31

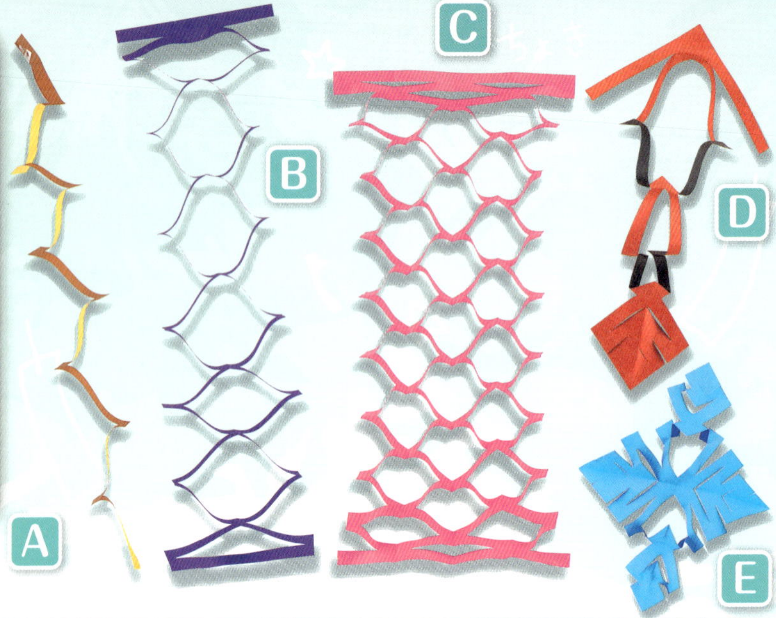

A
B
C
D
E

[天の川いろいろ]

折り紙を折って交互に切り込みを入れていきます。
折り方や切り方を工夫することで、いろいろな飾りになります。

難易度 ★★☆

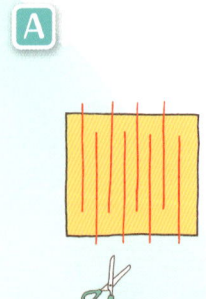

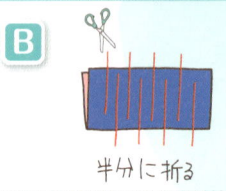

A

B

半分に折る

C

2回折る

D

三角に折る

E

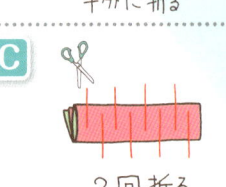

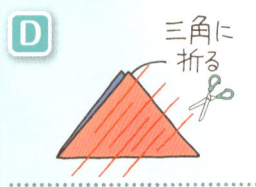

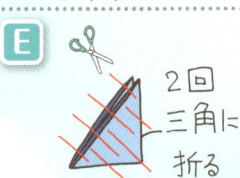

2回三角に折る

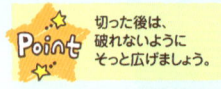

Point 切った後は、破れないようにそっと広げましょう。

準備するもの ●両面折り紙 ●ハサミ

夏　七夕

［折り紙のつなぎ飾り］

いっぱいつないで長くすれば、風にそよぐ
すてきなササ飾りになります。

難易度 ★☆☆

A 三角つなぎ

のり　はる

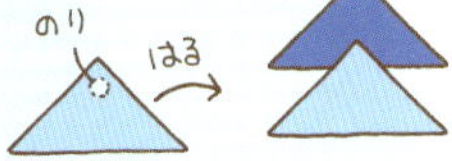

B 四角つなぎ

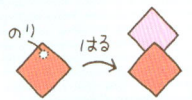
のり　はる

C まっすぐにつなぐ

D ランダムにつなぐ

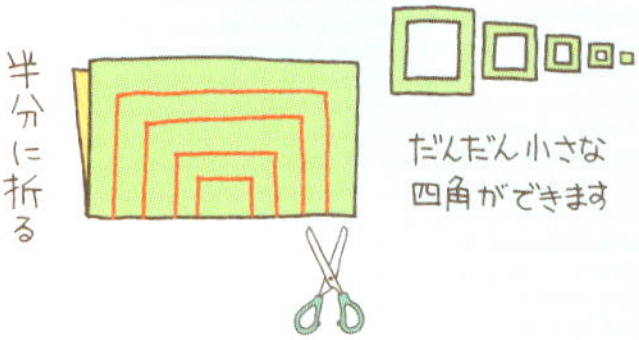

半分に折る

だんだん小さな四角ができます

E 切り抜いたものをつなぐ

半分に折る　のり　はる

準備するもの　●両面折り紙　●ハサミ　●のり

夏 ― 七夕

[つなぎ飾りをアレンジ]

フェルトペンで描いた紙をつないで、紙テープなどで飾ります。
P.33のつなぎ飾りのバージョンアップ版です。

難易度 ★★☆

❶ 画用紙に絵を描く

画用紙

❷ ①をつないではる
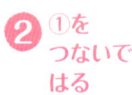
のり
はる

❸ 色紙や紙テープで飾りを作る
階段折り 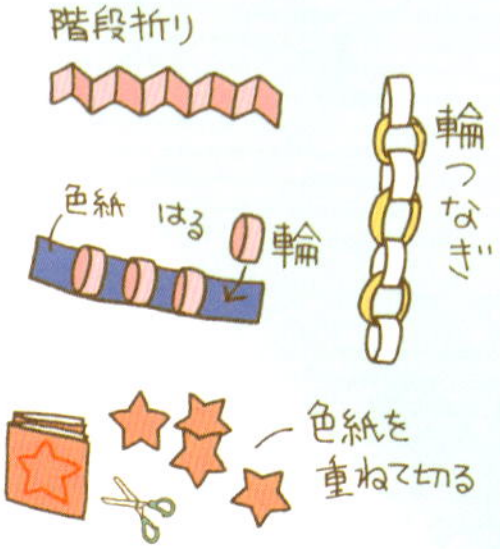
輪つなぎ
色紙 はる 輪
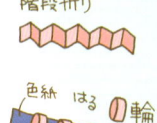

色紙を重ねて切る

❹ ②に③をはり、飾る

はる
はる
はる

準備するもの ●色紙 ●画用紙 ●紙テープ ●フェルトペン ●のり ●ハサミ

34

夏

七夕

［輪つなぎ星飾り］

大小さまざまな輪つなぎの中に、星を入れています。
輪つなぎもアレンジすると楽しいですね。

難易度
★★☆

❶ 色画用紙をテープ状に切り、輪つなぎを作る

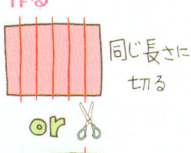
同じ長さに切る

or

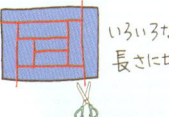
いろいろな長さに切る

❷ 黄色の色画用紙を階段折りをし、のりではって輪にする

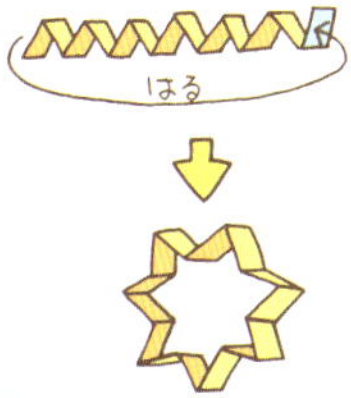

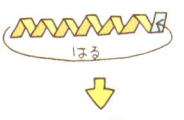
はる

❸ ②にのりを付け、①の輪の中に入れてはる

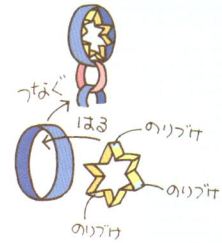
つなぐ
はる
のりづけ
のりづけ
のりづけ

準備するもの　●色画用紙　●のり　●ハサミ

夏 ― 七夕

[クルクルササ飾り]

模様を描いた紙をらせん状に切って、真ん中にひもを付けます。
風が吹くとクルクル回ってきれい!

難易度 ★★☆

① 模様を描く
白画用紙

② ①を渦巻き状に切る
切る

③ セロハンテープでひもを付ける
ひも

結び目を作り
セロハンテープで留める

抜けにくいよう結び目を作っておく

準備するもの ●白画用紙 ●ひも(たこ糸など) ●フェルトペン ●セロハンテープ ●ハサミ

夏 ― 七夕

［ササ舟にのった織姫彦星］

ササ舟を作り、織姫と彦星を乗せました。
卓上に置くだけでも、七夕気分が味わえます。

難易度 ★★☆

❶ トイレットペーパーの芯を包んで体を作る
ふたつに切る / トイレットペーパーの芯 / のり / 後ろに折る / 染め紙など 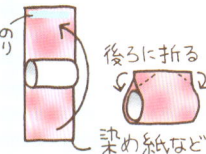 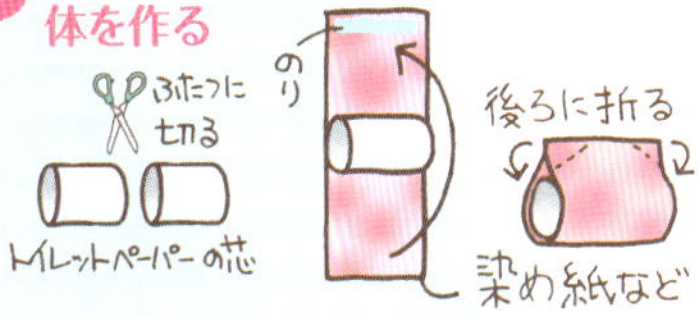

❷ 顔を作り、①にはる
はる / のり / 色画用紙 

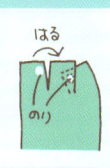

❸ ササ舟を作る
切り込みを入れる / はる / のり

❹ ③に②を乗せ、ササの葉などで飾る
オーロラシート / はる / 色画用紙 / はる

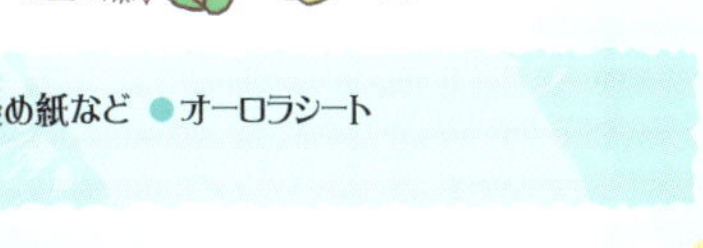

準備するもの ●色画用紙 ●トイレットペーパーの芯 ●染め紙など ●オーロラシート ●フェルトペン ●のり ●ハサミ

夏 ― 七夕

[お願いロケット]

円柱形やトイレットペーパーの芯を使ってロケットを作ります。
窓にはお願い事を描くのもいいですね。

難易度 ★★☆

❶ 円柱を作る
（トイレットペーパーの芯でもOK）

❷ 尾翼やロケット先端部、噴射炎などを作る

❸ 窓や扉を作り、フェルトペンで描く

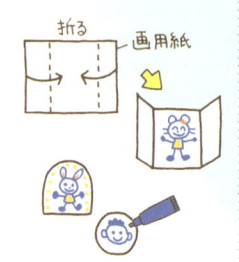

❹ ①に②③を組み合わせてはる

Point みんなのお願いロケットを集めて飾ると、季節の壁面装飾にもなります。

準備するもの
- 色画用紙
- トイレットペーパーの芯
- フェルトペン
- のり
- ハサミ

壁面飾りにアレンジ

みんなのロケットを集めて壁面を飾りましょう。

夏

七夕

夏 / 七夕

［ハンガーを使った七夕飾り］

ハンガーに飾りをセロハンテープで付けていけば、
家に持ち帰っても、そのまま飾ってもらえますね。

難易度 ★★★

① 織り姫・彦星を作る

のり → 千代紙 → 色画用紙 → はる → 折る → 上から着せてはる

両面折り紙 → 折る

② ハンガーに①や飾りをはる

セロハンテープではる / はる

準備するもの
● ハンガー ● 両面折り紙 ● 色画用紙 ● 千代紙 ● 色紙
● のり ● セロハンテープ ● ハサミ

40

夏　七夕

[園芸ネットを使った七夕飾り]

ササのかわりに園芸ネットを使っています。
子どもが自分で好きな所に飾ることができます。

難易度　★☆☆

❶ 短冊に絵を描いたりシールをはったりする

画用紙　シール

❷ ①に、こよりやモールを付け、園芸ネットに飾る

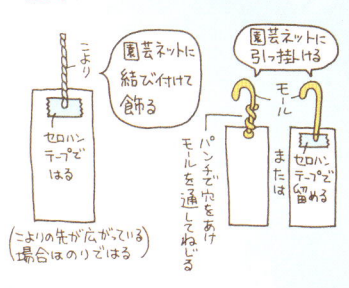

こより　園芸ネットに結び付けて飾る　セロハンテープではる　（こよりの先が広がっている場合はのりではる）

園芸ネットに引っ掛ける　モール　パンチで穴をあけモールを通してねじる　または　セロハンテープで留める

Point　モールをねじったり、こよりを結んだりといった指先を使う活動も大切です。せかさずにゆっくり見守ってあげましょう。

準備するもの　●園芸ネット　●画用紙　●こより　●モール　●シール　●フェルトペン　●クレヨン　●セロハンテープ　●一穴パンチ

夏／夏祭り

[さかな釣りゲーム]

折ったり丸めたりして、引っ掛ける部分を工夫しながら作っていきます。作ったり遊んだり…楽しい活動です。

難易度 ★★☆

① 色画用紙で魚の形を作る

細長く切った色画用紙　はる　色画用紙　はる

② 目やウロコなどを付ける

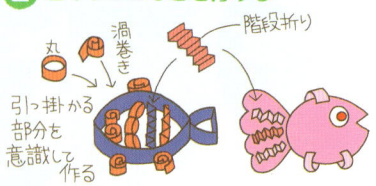

丸　渦巻き　階段折り
引っ掛かる部分を意識して作る

③ 釣りざおを作る

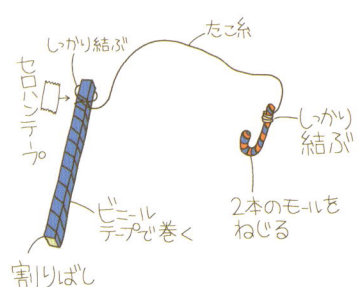

しっかり結ぶ　たこ糸
セロハンテープ
ビニールテープで巻く
割りばし
しっかり結ぶ
2本のモールをねじる

Point 概念的な形にとらわれず、自由な発想で作っていきましょう。

準備するもの
● 色画用紙 ● 割りばし ● モール ● たこ糸
● のり ● セロハンテープ ● ビニールテープ ● ハサミ

バリエーション

クルクル、ギザギザ
どんなお魚できるかな？

夏

夏祭り

ギザギザ模様が
すてき。

タコができたよ。

クルクル いっぱい。
イカかな？ 魚かな？

画用紙で作った魚にも
クルクル飾ったよ。

43

夏　夏祭り

[ペットボトルの風鈴]

ペットボトルやスチレン皿を利用して作っています。
モールに通した小さな絵がかわいいですね。

難易度 ★☆☆

保育者の準備
★ペットボトルとスチレン皿（スチレンボード）を切り、パンチで穴をあける

① 丸く切ったスチレン皿（スチレンボード）に、油性フェルトペンで描き、モールを付ける

② ①にストローやビーズなどを通し、鈴を付ける

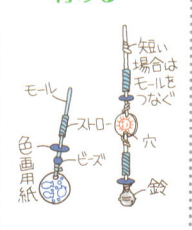

③ ペットボトルに②を付ける

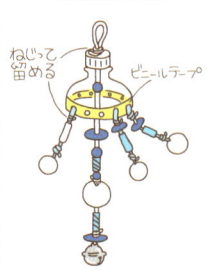

準備するもの
- ペットボトル
- スチレン皿（スチレンボード）
- モール
- ビーズ
- ストロー
- 鈴
- 色画用紙
- 油性フェルトペン
- ビニールテープ
- ハサミ
- カッターナイフ
- 一穴パンチ

夏 ― 夏祭り

[クルクル回る風鈴]

風車のように風を受けてとってもよく回ります。
模様の変化が楽しめます。

難易度 ★★☆

① 紙を丸く切り、ペンで模様を描く

② 切り込みを入れ、①を円すい形にする

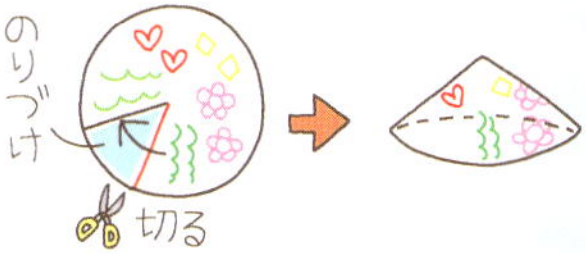

③ ②の周囲に切り込みを入れ、同じ方向に折り返す

④ ③の中央にたこ糸を通し、鈴と短冊を付ける

輪を作りセロハンテープで留める
裏面
鈴

準備するもの ●画用紙 ●たこ糸 ●鈴 ●フェルトペン ●のり ●セロハンテープ ●ハサミ

夏 / 夏祭り

A B

[かわいい模様のちょうちん]

フェルトペンで少し描くだけで、
いつものちょうちんがとてもおしゃれに変身!

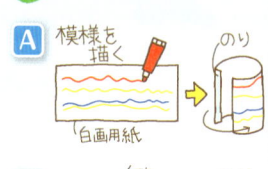

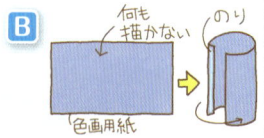

難易度 ★★☆

① 内側の筒を作る

A 模様を描く → のり
白画用紙

B 何も描かない → のり
色画用紙

② 外側部分を作る

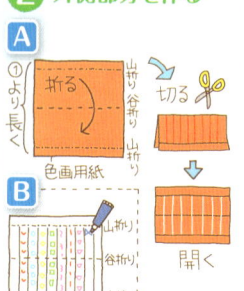

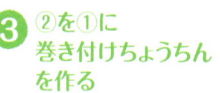

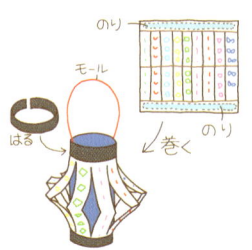

A ①より長く 折る 山折り・谷折り・山折り 切る → 開く
色画用紙

B 山折り・谷折り・山折り

③ ②を①に巻き付けちょうちんを作る

のり モール はる 巻く のり

準備するもの ●色画用紙 ●白画用紙 ●モール ●フェルトペン ●のり ●ハサミ

夏 — 夏祭り

[カラーセロハンキラキラちょうちん]

カラーセロハンとアルミホイルの組み合わせで、まるで光が入ったようです。

難易度 ★☆☆

① 丸く切り抜いた2枚の紙皿にカラーセロハンをはる

切り抜く（保育者）
カラーセロハン
木工用接着剤
×2枚

② ①のカラーセロハンに油性フェルトペンで描く

×2枚

③ アルミホイルを入れ、②の2枚の紙皿をはり合わせる

木工用接着剤ではる
アルミホイル

④ 色画用紙をはりモールを付ける

モール
色画用紙
色画用紙で飾る
折る
はる
木工用接着剤

準備するもの: ●紙皿（深皿） ●カラーセロハン ●アルミホイル ●色画用紙 ●モール ●油性フェルトペン ●木工用接着剤 ●カッターナイフ

夏 / 夏祭り

［染め紙を使ったあんどん］

四角柱の窓から、中の染め紙のふんわりした
優しい色が見えて、とってもきれいです。

難易度 ★★☆

❶ 四角柱を作る

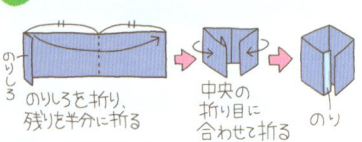

のりしろ
のりしろを折り、残りを半分に折る
中央の折り目に合わせて折る
のり

❷ 窓をあける

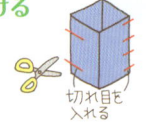

切れ目を入れる
切って開く

❸ 染め紙を筒にして、❷の中に入れモールを付ける

入れる
染め紙など
中の筒といっしょに重ねてパンチで穴をあける
モール穴に通してねじる

❹ 画用紙に絵を描き❸にはる

はる　はる

準備するもの ●画用紙 ●染め紙 ●モール ●フェルトペン ●のり ●ハサミ ●一穴パンチ

敬老の日

秋
9月〜11月

秋の自然

秋 敬老の日

[ミラー付めがね入れ]

牛乳パックにキラキラシートをはっています。
おしゃれが楽しめるめがね入れです。

難易度 ★★☆

保育者の準備
底の部分を残し、牛乳パックを切り開く

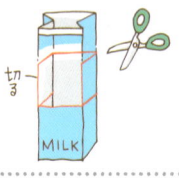

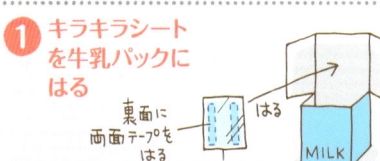

切る
MILK

① キラキラシートを牛乳パックにはる

裏面に両面テープをはる
はる
キラキラシート
MILK

② 箱を飾り、メッセージを付ける

メッセージカードをクリップなどで挟む
色画用紙
はる
木工用接着剤ではる
結ぶ
毛糸を巻く

準備するもの ●牛乳パック ●キラキラシート ●毛糸 ●クリップ ●色画用紙 ●フェルトペン ●木工用接着剤 ●両面テープ ●ハサミ

秋 — 敬老の日

✨[クリアファイルのレターラック]✨

クリアファイルを切って素材を挟み込んでいます。
絵手紙もいっしょに贈ると喜ばれますね。

難易度 ★☆☆

保育者の準備
クリアファイルを半分まで切り離す

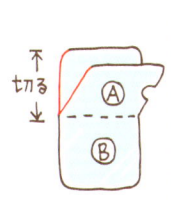

① Ⓑに両面テープを数本はり、その上に素材を置きⒶを折り重ねる

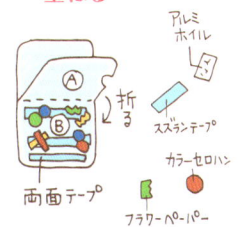

アルミホイル / 折る / スズランテープ / カラーセロハン / 両面テープ / フラワーペーパー

② 周囲をテープやリボンで飾る

リボンを通す / リボン / ビニールテープ / 穴 / 入れる / テープで留める / おてがみ

Point 挟み込む素材を工夫することで、いろいろな効果が楽しめます。

準備するもの ●クリアファイル ●挟み込む素材（カラーセロハン、アルミホイル、スズランテープ、フラワーペーパーなど） ●周りを飾る素材（ビニールテープ、リボンなど） ●両面テープ ●ハサミ ●一穴パンチ

秋 ― 敬老の日

[小物入れアラカルト]

片段ボールの丸みを生かして作っています。
飾り方を工夫することで、ひとりひとりの思いが伝わります。

難易度 ★★☆

❶ 片段ボールで円柱を作り厚紙にはる
- 片段ボール
- 木工用接着剤
- はる
- 厚紙

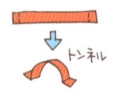

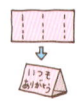

❷ ❶にふたを付ける
- 折る
- 厚紙
- 木工用接着剤
- はる
- 厚紙（片段ボールより大きめに）

❸ 周りを飾る
- トンネル
- いつもありがとう
- 切って作る

ほかにもいろいろあるよ
- 円柱形　はる
- 折る
- 立ててはる
- オーロラ紙　キャンディ包み
- 円すい形　はる

準備するもの　●片段ボール　●厚紙　●色画用紙　●フェルトペン　●木工用接着剤　●ハサミ

バリエーション

子どもの興味に合わせた飾りを工夫しましょう。

秋　敬老の日

秋の葉いっぱい
色画用紙で動物を作り、葉っぱは重ね切りでたくさん。

和モダン
千代紙を少し取り入れるだけで和風に。

キャンディいっぱい！
フラワーペーパーをオーロラシートで包んでキャンディに。

フワフワケーキ
白い片段ボールをケーキに見たてて。

53

秋 — 敬老の日

[ありがとうのメッセージカード]

メッセージが飛び出すように、はり方を工夫しました。
心の込もったありがとうのカードを作りましょう。

難易度 ★★☆

❶ 2枚の色画用紙をはり合わせ、半分に折って広げる

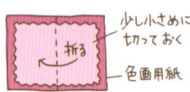

少し小さめに切っておく
折る
色画用紙

❷ メッセージをかいた紙を❶にはり、閉じる

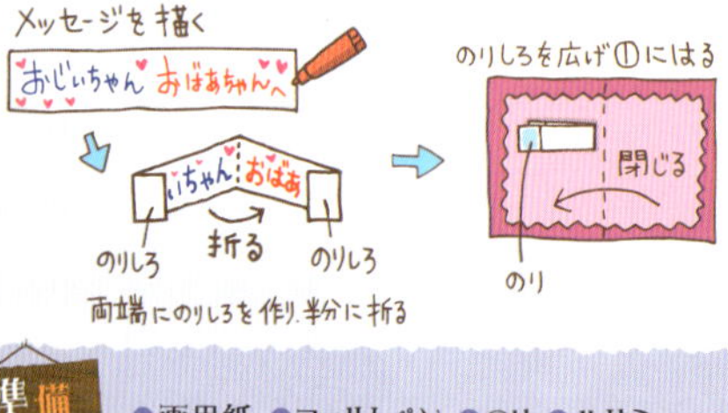

メッセージを描く
おじいちゃん おばあちゃんへ

のりしろ 折る のりしろ
両端にのりしろを作り、半分に折る

のりしろを広げ❶にはる
のり
閉じる

❸ ❷を開き描いたりはったりする

はる
おじいちゃん おばあちゃんへ
はる

準備するもの ●画用紙 ●フェルトペン ●のり ●ハサミ

秋 敬老の日

[スクラッチのしおり]

パスの技法遊び(スクラッチ)で
絵や模様を描いてしおりにします。

難易度 ★★☆

① パスで薄い色(黄・桃・水・黄緑 など)を塗る

② ①の上にパスで濃い色(赤・青・緑・紫・茶・黒 など)を塗り重ねる

③ ②に割りばしなどで描く

④ 透明テープをはったり、ラミネーターで表面を覆ったりして、穴をあけ、リボンを通す

Point 周囲を汚さないよう、削り取ったパスは、ティッシュペーパーでふき取りながら、描きましょう。

準備するもの ● 白画用紙 ● 割りばし ● リボン ● 透明テープまたはラミネーター ● パス(パステラ、クレパスなど) ● 一穴パンチ ● ティッシュペーパー

秋 — 秋の自然

[紙粘土と自然物のバリエーション]

紙粘土に色を付け、自然物と組み合わせました。
季節を感じながらの製作です。

難易度 ★★☆

1 カラー紙粘土を作る

(A) 絵の具を使用

紙粘土に絵の具を入れしっかり練り込む

(B) 水性フェルトペンを使用

手につかない軽量の紙粘土なら水性フェルトペンで着色可能

粘土の上にペンで点を打ち色を付け、しっかり練り込む

2 大きいものは、中に芯材を入れ紙粘土で包む

芯材（容器・新聞紙など）
紙粘土

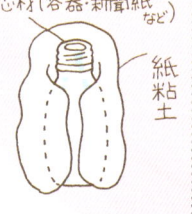

3 自然素材を組み合わせる

はる
差す
木工用接着剤

Point ドングリなどの木の実は、熱湯に浸し、虫退治をしてから使いましょう。

準備するもの
● 紙粘土　● 芯材（容器や新聞紙など）
● 自然素材（木の枝・実・葉など）
● 絵の具または水性フェルトペン　● 木工用接着剤

バリエーション

飾り方の工夫で、いろいろな表現が楽しめます。

秋 — 秋の自然

紙粘土の動物と自然物をアレンジした卓上飾りです。

丸い木の上に

木切れの壁掛け

木切れを組み合わせフレームを作りました。

箱のおうち

絵を描いた紙を箱にはり、片段ボールの屋根を付けています。

コルクボードの壁掛け

木の実は、紙粘土に埋め込んでいます。

秋 — 秋の自然

［麻ひもまきまき壁飾り］

段ボールに麻ひもをぐるぐる巻きました。
木の枝などを差したり、クリップで留めたりできます。

難易度 ★☆☆

❶ 段ボールに麻ひもを上下左右に巻く

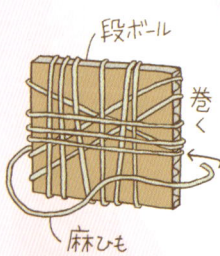

段ボール / 巻く / 麻ひも

❷ 枝を差し込んだり、接着剤で木の実を付けたりして飾る

差す / はる / はる

❸ 画用紙に絵を描き、クリップや洗濯バサミで留める

裏からひもをはる / クリップで留める / 画用紙

準備するもの
- 段ボール ● 麻ひも ● 自然素材（木の枝・実など） ● 画用紙
- 洗濯バサミまたはクリップ ● フェルトペン ● 木工用接着剤

クリスマス

正月遊び

冬
12月～2月

節分

冬 / クリスマス

[円すい形で作るクリスマスツリー]

色画用紙で円すい形を作り、周囲を飾ります。飾りの素材や色の合わせ方でとってもおしゃれなツリーになります。

難易度 ★★★

❶ 色画用紙で円すい形を作る

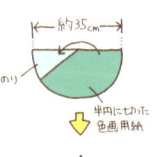

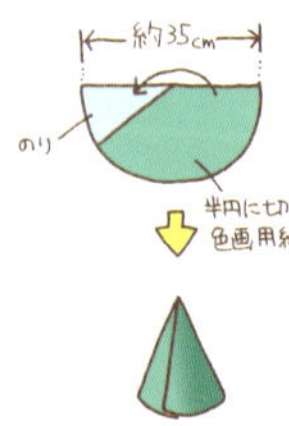

約35cm
のり
半円にむかった色画用紙

❷ ①にでんぐりをはる

でんぐり（P125参照）
はる
のり
片方ずつ付けていく

❸ ②を片段ボールで飾った牛乳パックにかぶせる

かぶせる
接着剤
片段ボール
とはる
牛乳パック（500ml）

❹ オーナメントを作って③に飾る

画用紙
緩衝材
接着剤を付けモールを差す
モールをねじる

準備するもの
● でんぐり ● 画用紙 ● 牛乳パック(500ml) ● 片段ボール ● 緩衝材 ● モール ● 油性フェルトペン ● のり ● 強力接着剤 ● ハサミ

※緩衝材（かんしょうざい）とは荷作りなどに使う、ショックをやわらげるためのものです。

バリエーション

素材のいかし方や飾り方に工夫をしましょう。

冬 クリスマス

ねじったリボン

紙テープやクレープ紙をねじって飾りました。
(P.124参照)

色水

切り紙の雪の結晶

オーロラ折り紙で作る結晶とエンジェルの飾りです。

色水

綿でフワフワ

雪に見たてた綿がとても柔らかです。

ギザギザリボン

色画用紙を重ねてはり階段折りをして飾りました。

[ペットボトルツリー]

色水を入れたペットボトルに 色画用紙をはります。
色画用紙に両面テープを
付けておくととっても簡単にできます。

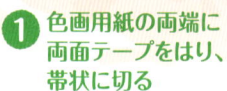

難易度 ★☆☆

❶ 色画用紙の両端に両面テープをはり、帯状に切る

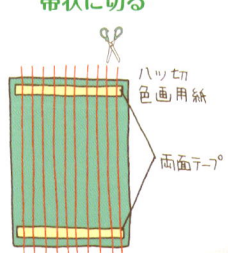

八ツ切色画用紙
両面テープ

❷ ①を階段折りし、ペットボトルにはる

500mlペットボトル（色水を入れる）
両面テープをはがしてはる

❸ オーナメントを作り②にはる

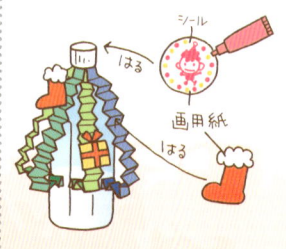

シール
はる
画用紙
はる

準備するもの
- 八ツ切色画用紙（緑系）
- ペットボトル（500ml）
- シール
- 色画用紙（飾り用）
- のり
- 両面テープ

冬 クリスマス

［ひも通しツリー］

ツリー型の厚紙に穴をあけ、色画用紙で作ったアイテムを通しながら飾ります。ホイルカラーのビーズもきれい。

難易度 ★☆☆

保育者の準備

〈台紙〉

周囲に穴をあける

台紙

カラーせいさく紙（または厚紙に色画用紙をはったもの）

〈通すもの〉

ホイルカラー（またはアルミホイル）を丸めて、目打ちで穴をあける

色画用紙を重ねて切って穴をあける

台紙とアイテムを組み合わせながら水引やモールを通していく

水引またはモール

通す

準備するもの
- カラーせいさく紙（または厚紙に色画用紙をはったもの） ●色画用紙
- ホイルカラー（またはアルミホイル） ●水引またはモール ●一穴パンチ ●目打ち

冬 / クリスマス

［アルミホイルツリー］

アルミホイルで包んだ厚紙にスズランテープや
カラーセロハンなどで両面を飾ります。
キラキラしてきれいなツリーです。

難易度 ★☆☆

① 三角に切った厚紙をアルミホイルで包む

- アルミホイル（しわを作っておく）(P125参照)
- 厚紙
- 包んでセロハンテープではる
- スプレーのりを吹きつける
- または水で溶いた木工用接着剤を塗る

② ①にスズランテープやカラーセロハンをはって飾る

- スズランテープ
- カラーセロハン

③ ②をラップで包み、裏面も同じく飾って包む

- 色画用紙
- ラップで包む

Point　スプレーのりを使用する場合は、事前に屋外で吹き付けておきましょう。

準備するもの
- 厚紙（三角に切っておく）
- アルミホイル
- スズランテープ
- カラーセロハン
- ラップ
- 色画用紙
- スプレーのりまたは木工用接着剤

冬 クリスマス

［ふさふさリース］

細長く切った幅の違う色画用紙を重ねてはり、両端に切り込みを入れてふさふさに。クリスマスカラーが決め手です！

難易度 ★★★

❶ 紙をもんで棒状にし、輪を作る

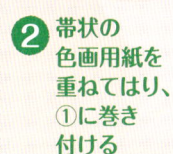

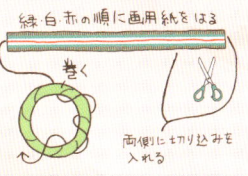

紙（模造紙など）をもんで、柔らかくしてから棒状にする

セロハンテープで留める

ねじりながら輪にする

❷ 帯状の色画用紙を重ねてはり、①に巻き付ける

緑・白・赤の順に画用紙をはる

巻く

両側に切り込みを入れる

❸ 色画用紙でサンタを作り、②に飾る

のり

円すい形を作る

はる

モール

のり

のり

準備するもの ●色画用紙 ●紙（模造紙など) ●セロハンテープ ●モール ●のり ●ハサミ

冬 クリスマス

[プチプチリース]

模様を描いたプチプチシートとアルミホイルを
重ねて巻いています。
アルミホイルで包んだひと口ゼリーのカップの鈴がキュート。

難易度 ★☆☆

① プチプチシートに模様を描き、アルミホイルと重ねて棒状に丸める

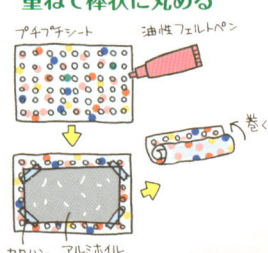

プチプチシート
油性フェルトペン
巻く
セロハンテープ　アルミホイル

② ①をねじりながら輪を作る

セロハンテープで留める

③ 鈴やキャンディーなどの飾りを作り②に付ける

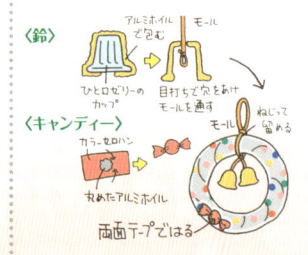

〈鈴〉
アルミホイルで包む　モール
ひと口ゼリーのカップ
目打ちで穴をあけモールを通す
ねじって留める

〈キャンディー〉
カラーセロハン
丸めたアルミホイル
両面テープではる

準備するもの　●プチプチシート　●カラーセロハン　●アルミホイルまたはホイルカラー　●キラキラモール　●ひと口ゼリーの容器　●油性フェルトペン　●セロハンテープ　●両面テープ　●目打ち

冬 クリスマス

[紙皿リース]

台紙は、紙皿を切り抜いて使っています。重ね切りした
葉っぱやシールの赤い実がクリスマス気分を盛り上げます。

難易度 ★★☆

保育者の準備
紙皿の中央を丸く切り抜く

紙皿

① 色画用紙で葉や雪だるまを作る

〈葉〉

重ねて切る　色画用紙

〈雪だるま〉

はる　はる　色画用紙

② ①を紙皿にはり、リボンを巻き付けて飾る

シールをはる　リボン　はる

準備するもの
- 紙皿　● 色画用紙　● 赤いシール　● リボン（薄くて透明感のあるものがきれい）
- のり　● カッターナイフ

冬 ／ クリスマス

[牛乳パックのブーツ]

牛乳パックで作っているのでじょうぶです。
お菓子を入れてプレゼントに！

難易度 ★★★

❶ 牛乳パックを切り、はり合わせてブーツの形を作る

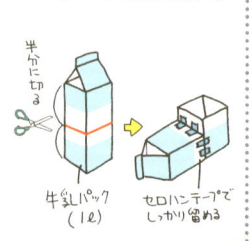

半分に切る
牛乳パック(1ℓ)
セロハンテープでしっかり留める

❷ 色画用紙をブーツの形に2枚切り、①にはる

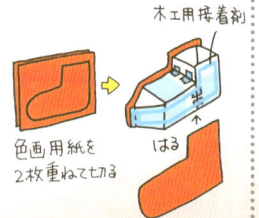

木工用接着剤
色画用紙を2枚重ねて切る
はる

❸ ②に色画用紙やクレープ紙で飾り付ける

色画用紙
モールを通してねじる
はる
はる
シール
色画用紙
はる
クレープ紙
つまんで伸ばす(P124参照)

準備するもの ●牛乳パック(1ℓ) ●色画用紙 ●クレープ紙 ●モール ●シール ●のり ●木工用接着剤 ●セロハンテープ ●ハサミ ●一穴パンチ

冬 ― クリスマス

［円柱形から作るオーナメント］

画用紙の円柱形を基本に。サンタやトナカイ、雪だるまなど
バリエーションも広がります。ツリーに飾ると楽しいですね!

難易度 ★★☆

❶ 画用紙で円柱形を作る

色画用紙 / のり

❷ ②に画用紙で作った顔や手足などをはる

雪だるま　ツリー　トナカイ　サンタ

準備するもの ●画用紙 ●のり ●ハサミ

69

冬 / クリスマス

✦ [飛び出すクリスマスカード] ✦

飛び出すしくみを使って、
個性豊かなすてきなカードを作りましょう。

難易度 ★★★

1 色画用紙に飛び出すしくみを作る
色画用紙をふたつに折り、切り込みを入れる
折り目をつける
広げて
指で押し出す

2 ツリーを作り①にはる
のり
色画用紙
ツリー
はる

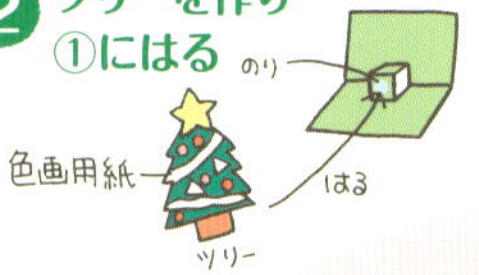

3 描いたりはったりする
はる

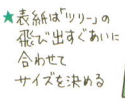

4 ③を表紙にはる
★表紙は「ツリー」の飛び出すぐあいに合わせてサイズを決める
表紙（色画用紙）
はる
のり
はる
のり

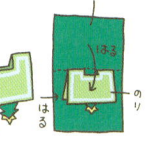

5 表紙を飾る
はる
はる

準備するもの ●色画用紙 ●フェルトペン ●のり ●ハサミ

バリエーション 描いたり作ったり、子どもたちの世界が広がります。

冬 / クリスマス

ケーキ
ケーキが飛び出しサンタも大喜び!

サンタ
座っているサンタとプレゼントの袋が飛び出します。

トナカイ
トナカイが飛び出しプレゼントを配っています。

ブーツ
大小2つの飛び出すしくみを作り、奥行きを出しました。

71

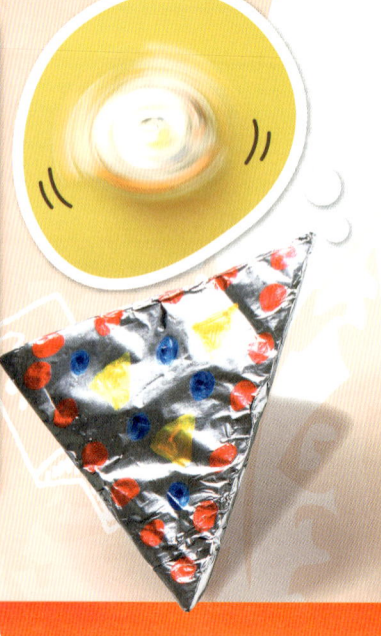

冬 正月遊び

[ビー玉DEコマ]

紙やアルミホイルで包んだ段ボールの裏にビー玉をはります。
形や模様を工夫してオリジナルゴマを作りましょう。

難易度 ★★☆

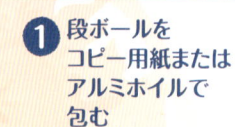

❶ 段ボールをコピー用紙またはアルミホイルで包む

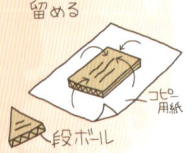

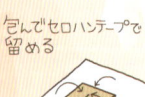

包んでセロハンテープで留める
コピー用紙
段ボール

❷ フェルトペンで模様を描く

★アルミホイルには油性フェルトペンで描く

❸ 裏面の中央にビー玉を置き、セロハンテープで留める

セロハンテープで留める
裏面
ビー玉

〈遊び方〉
手を置いて…　回す!
コマ

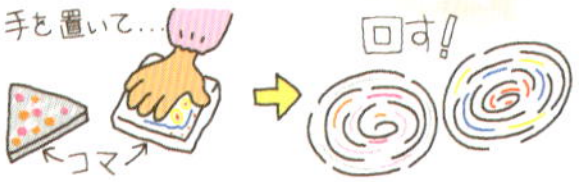

準備するもの
● 段ボール(四角形や三角形に切っておく) ● ビー玉 ● コピー用紙またはアルミホイル
● フェルトペン ● セロハンテープ

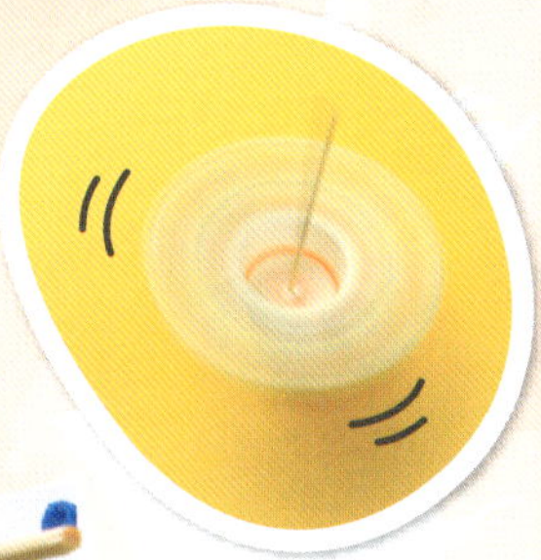

冬 | 正月遊び

［紙コップDEコマ］

お花のように切り開いた紙コップに模様を描き、真ん中に竹ぐしを通します。回すと変化する模様がとってもきれい。

難易度 ★★★

① 紙コップを切り開く

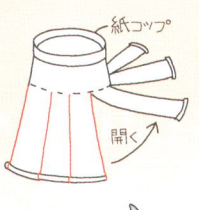

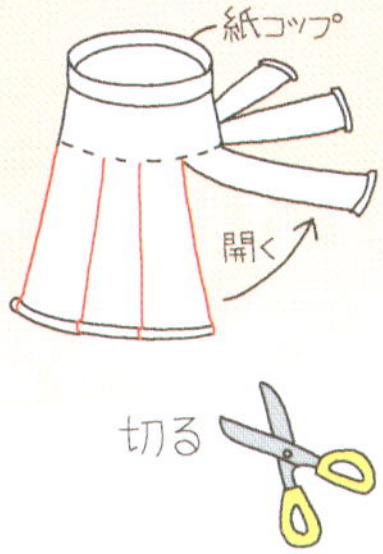

紙コップ
開く
切る

② フェルトペンで模様を描く

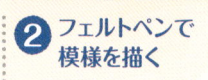

③ 紙コップの中央に竹ぐしを通し、セロハンテープで留める

竹ぐし
穴もあけておく
セロハンテープで留める

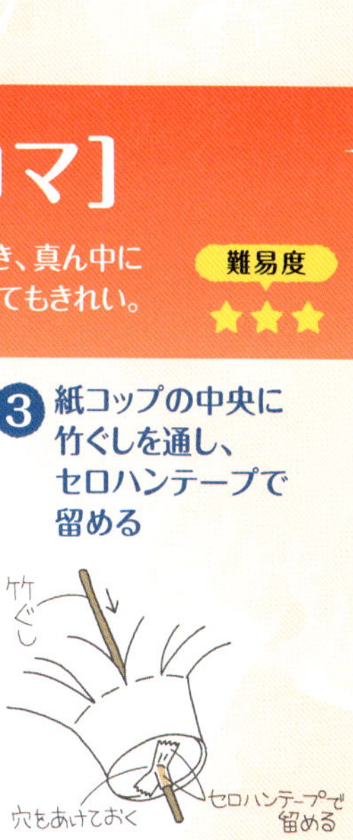

準備するもの ●紙コップ ●竹ぐし ●フェルトペン ●セロハンテープ ●ハサミ

冬 正月遊び

[カラフル皿回し]

紙皿の中央に付けたペットボトルのふたに、割りばしを当てて回します。くるくる回ると、模様や切り込みがとてもきれい!

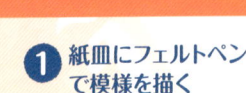

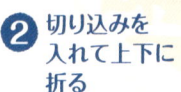

難易度 ★★★

❶ 紙皿にフェルトペンで模様を描く

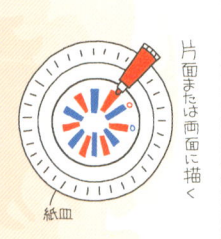

片面または両面に描く

紙皿

❷ 切り込みを入れて上下に折る

❸ 中央に両面テープでペットボトルのふたをはる

はる　両面テープ

★棒は割りばしにビニールテープを巻いて作る

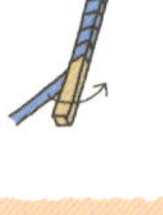

Point 最初はちょっと難しいですが、コツをつかめば、簡単に回せるようになります。あきらめずにチャレンジ!

準備するもの
- 紙皿
- ペットボトルのふた
- 割りばし
- フェルトペン
- ビニールテープ
- 両面テープ
- ハサミ

冬 | 正月遊び

[ものまねすごろく]

みんなで描いた動物のマスを集めて作ります。それぞれ止まったマスの動物のまねをするのがルールです。

難易度 ★★☆

❶ 画用紙に動物の絵を描いて、マスを作る

❷ ①を模造紙にはる

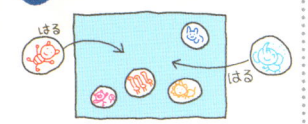

❸ ルールを話し合い、文字を書いたマスを②にはり、線を描きつないでいく

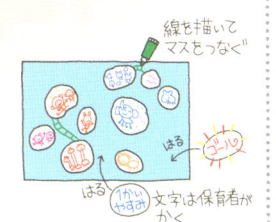

線を描いてマスをつなぐ
文字は保育者がかく

❹ ③に色画用紙で作ってはったり、ペンで描いたりする

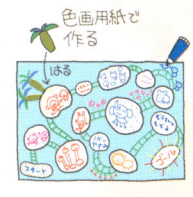

色画用紙で作る

Point 作ったすごろくで楽しく遊ぶためには、ルール作りも大切です。

準備するもの ●模造紙 ●画用紙 ●フェルトペン ●のり ●ハサミ

75

冬 ／ 正月遊び

[立体すごろく]

片段ボールの円柱で、高低のあるジェットコースターのようなすごろくを作ります。コマ作りも楽しめますね。

難易度 ★★★

① 片段ボールで円柱を作り上下にのりしろを作る

片段ボール／のりしろ／はる／のり／切って折る

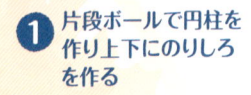

② ふたを作り①に付け台紙にはる

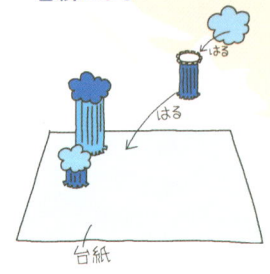

はる／台紙

工夫しだいでいろいろできる！

準備するもの ●片段ボール ●色画用紙 ●台紙（画用紙、厚紙など） ●フェルトペン ●のり ●ハサミ

コマのバリエーション

いろいろな素材で、お気に入りのコマを作りましょう。

冬 — 正月遊び

粘土
木工用接着剤でビーズやモールを付けています。

容器・箱
小さな素材を見つけて作りましょう。

- ホッチキスの芯の箱
- ひと口ゼリーのカップ
- ひと口ゼリーのカップ

石
フェルトペンで絵を描き入れています。

紙
描いたり作ったり。しっかりと立つ工夫を。
（P.123参照）

❸ 色画用紙や片段ボールですべり台、橋、道などを作り、②にはる

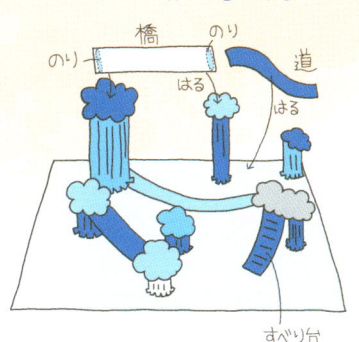

のり　橋　のり　道
はる　はる
すべり台

❹ マスを作り③にはり、ペンで描く

はる　はる
ペンで描く
いっかい やすみ
スタート

冬 — 節分

[色画用紙のかんむりお面]

色画用紙を丸めて円柱にし、かんむり型のお面を作りましょう。
切り込みを入れた部分が髪の毛になります。

難易度 ★★★

① 色画用紙に切り込みを入れて髪の毛を作る

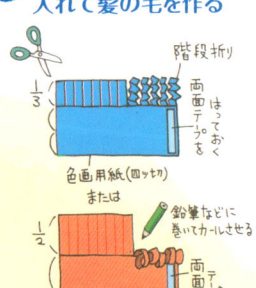

階段折り
はっておく
両面テープを
色画用紙(四ッ切)
または
鉛筆などに巻いてカールさせる
両面テープ
1/3
1/2

② 頭のサイズに合わせて円柱形にはり合わせる（保育者）

③ 色画用紙で作った顔のパーツをのりではる

つの
のり
のり
はる
耳
はる

Point 子どもの耳の上で止まるので、少しサイズが大きくてもだいじょうぶ！ 外れやすい場合は、ゴムやひもを付けてあげましょう。

準備するもの ●色画用紙 ●鉛筆 など ●のり ●両面テープ ●ハサミ

冬　節分

［紙袋のカラフルお面］

紙袋の模様をそのまま生かして、すっぽりかぶるお面を作ります。とってもかぶりやすいお面です。

難易度 ★★☆

❶ 紙袋を切り、切り取った紙で耳を作り、はる

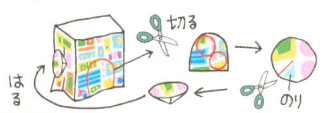

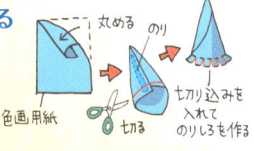

切る / はる / のり

❷ 角を作る

色画用紙 / 丸める / のり / 切る / 切り込みを入れてのりしろを作る

❸ 髪の毛を作る

色画用紙 / 渦巻きに切る

❹ ①に、②・③をはる

のりではる / はる

準備するもの ●紙袋 ●色画用紙 ●のりまたは木工用接着剤 ●ハサミ

[片段ボールで作るお面]

片段ボールの丸みで、頭や顔に沿いやすく、つけやすいお面です。

難易度 ★★☆

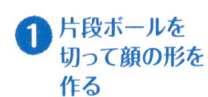

① 片段ボールを切って顔の形を作る

目の部分に穴をあける場合は、子どもに合わせて保育者が切っておく

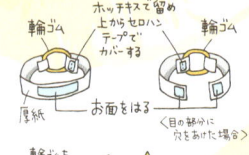

Point 片段ボールは縦目に使いましょう。

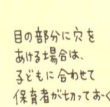

② 角や顔のパーツを木工用接着剤ではる

- 毛糸を結んで束にする
- アイスクリームの木のスプーン
- ボタン
- 金や銀の色紙にしわをつけたもの

③ 厚紙と輪ゴムでベルトを作り、②に付ける

ベルトの作り方いろいろ

- ホッチキスで留め 上からセロハンテープでカバーする
- 輪ゴム／厚紙／お面と〈目の部分に穴をあけた場合〉
- 輪ゴムをくぐらせて引っ張る／穴をあける〈目の部分に穴をあけた場合〉

準備するもの
- 片段ボール ● ボタン ● アイスクリームのスプーン
- 毛糸 ● 色紙(金・銀) ● 厚紙 ● 木工用接着剤
- ホッチキス ● セロハンテープ ● 輪ゴム ● 一穴パンチ

冬 — 節分

バリエーション

いろいろな素材で飾り付け。

冬 / 節分

スズランテープ

髪の毛は、束ねた
スズランテープを裂いて
テープで留めました。

片段ボール

ちぎった片段ボールで
髪の毛を作りました。

フラワーペーパー

丸めたり、ねじったり、つまんだり、
フラワーペーパーのいろいろな使い方で
飾りました。

冬　節分

［紙皿で作るお面］

目の部分にはったカラーセロハンがポイント。
かぶったときに見える色の世界にみんな大喜び！

難易度 ★☆☆

保育者の準備
紙皿を半分に切り、目や鼻の部分も切っておく

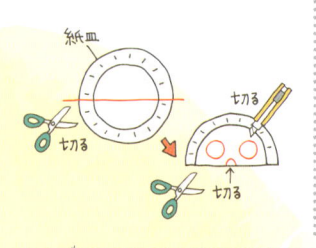

- 紙皿
- 切る

① 目の部分にカラーセロハンをはり、角や髪の毛をはる
- のりではる
- カラーセロハン
- 紙テープ
- のりではる
- 色画用紙

② 厚紙と輪ゴムでベルトを作って①にはる
- ホッチキスで留め 上からセロハンテープでカバーする
- 輪ゴム
- お面をはる

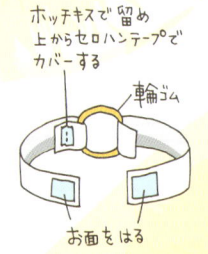

準備するもの
- 色画用紙
- 厚紙
- 紙テープ
- カラーセロハン
- のり
- セロハンテープ
- ホッチキス
- 輪ゴム
- ハサミ
- カッターナイフ

冬 | 節分

[ツノツノ帽子]

四角い紙を丸めて角を作り深めの紙皿にはります。
周りはお弁当用のアルミカップでピカピカ。

難易度 ★★☆

❶ 色画用紙を丸めて角を作る

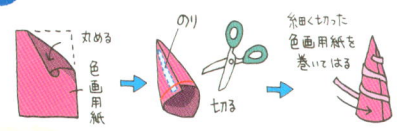

丸める／色画用紙／のり／切る／細く切った色画用紙を巻いてはる

❷ ①を紙皿にはる

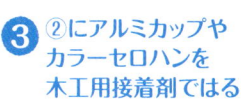

切り込みを入れる／木工用接着剤ではる／紙皿

❸ ②にアルミカップやカラーセロハンを木工用接着剤ではる

カラーセロハン／はる／アルミカップ／はる／ゴムまたは、ひもを内側にはる

準備するもの
- 紙皿（おわん型など深さのあるもの）
- 色画用紙
- アルミカップ
- カラーセロハン
- ゴムまたはひも
- 木工用接着剤
- ハサミ

83

冬 節分

[牛乳パックの豆入れバッグ]

牛乳パックの手提げに、鬼さんをはり、
にじみ遊びをした紙でくるっとラッピング。

難易度 ★☆☆

保育者の準備
牛乳パックを切って豆入れを作る

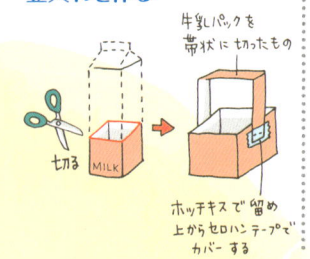

- 切る
- 牛乳パックを帯状に切ったもの
- ホッチキスで留め上からセロハンテープでカバーする

① 和紙または障子紙で豆入れを包み、モールで留める

- モールで留める
- 和紙または障子紙（P.126 にじみ絵 Ⓐ 参照）

② 色画用紙で鬼を作り、①にはる

- 色画用紙
- 木工用接着剤ではる

準備するもの
- 牛乳パック
- 和紙または障子紙（水性フェルトペンでにじみ遊びをしたもの）
- 色画用紙
- モール
- 木工用接着剤
- セロハンテープ
- ホッチキス
- ハサミ

おひなさま

早春
3月

卒園プレゼント

早春 / おひなさま

[円柱形おひなさま]

円柱形で、おひなさまの体全体が作れます。
着物の裾は、少しはねるような感じで着せましょう。

難易度 ★★☆

❶ 色画用紙で円柱形を作り、体にする

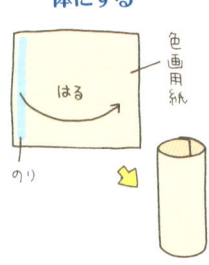

色画用紙
はる
のり

❷ ①に顔を描いたり、髪の毛などを作ってはる

はる / はる / 開く / 切り取る
色画用紙

❸ 染め紙などを着物にして、②にはる

2枚の紙をずらしてはる
フラワーペーパーを丸めてはる

Point 円柱形ののりづけのときには、中に指を入れ、指で挟むようにして押さえると、形がつぶれずにはれます。

準備するもの
- 色画用紙
- 色紙
- 染め紙
- フラワーペーパー
- フェルトペン
- のり
- ハサミ

壇びなを作ろう

人形や道具を作り、ひな壇に飾ります。

早春　おひなさま

箱を使って飾ろう！

箱を台座にし、その上に人形やその他のアイテムを飾ります。

お飾りアイテムいろいろ

半分に折る
のりしろ
のりではる
円柱形
はる

段びなを作ろう！

人形や道具が増えていくと、箱のふたも台座にするといいですね。

早春 ― おひなさま

[円すい形おひなさま]

細く切った千代紙を、えりのように掛けるだけで、着物の雰囲気が出ます。

難易度 ★★★

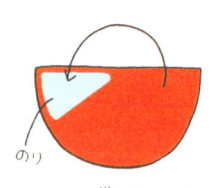

❶ 色画用紙で円すい形を作る

のり

半円に切った色画用紙

❷ 紙で顔や扇、着物などを作る

色画用紙

千代紙

折る

❸ ②を①にのりではり付ける

のり

片方にのりを付けてはり、もう片方を重ねてはる

準備するもの ●色画用紙 ●千代紙 ●金色紙 ●フェルトペン ●のり ●ハサミ

早春 ── おひなさま

[果物ネットのおひなさま]

くるんと巻き上がったネットの間から、フラワーペーパーの色が見え、フワフワやさしいおひな様です。

難易度 ★★★

❶ 容器に顔をはる

緩衝材 / はる / 両面テープ

❷ 果物ネットをかぶせ、フラワーペーパーを入れて巻き上げる

フラワーペーパー / 果物ネット

❸ 千代紙や色紙の着物をはる

色紙 / 千代紙 / 巻く / はる

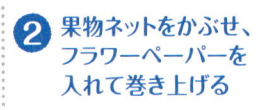

準備するもの
● 容器(乳酸菌飲料などの容器) ● 緩衝材 ● 果物ネット ● フラワーペーパー ● 色紙 ● 千代紙 ● 油性フェルトペン ● 木工用接着剤 ● 両面テープ ● ハサミ

早春 ── おひなさま

✨[アルミホイルのキラキラびな]✨

アルミホイルのキラキラとプチプチシートの透明感で、
ちょっぴり、アートなおひなさまです。

難易度 ★★☆

❶ 容器をアルミホイルで包む

❷ ①に発泡ボールで作った顔をはる

❸ ②に着物や扇、冠などをはる

準備するもの
● 容器(乳酸菌飲料などの容器) ● 発泡ボール ● アルミホイル ● プチプチシート
● 色画用紙 ● 色紙 ● 油性フェルトペン ● 強力接着剤 ● セロハンテープ ● ハサミ

早春 おひなさま

[フラワーペーパーのおひなさま]

フラワーペーパーを輪ゴムで留めた部分が柔らかなひだになってとっても優雅なおひなさまです。

難易度 ★☆☆

❶ フラワーペーパーで容器を包む

❷ ①に帯や扇などをはる

❸ 顔を作り、ストローにはる

❹ ②に③を差す

準備するもの ●容器(乳酸菌飲料の容器) ●フラワーペーパー ●画用紙 ●千代紙 ●ストロー ●輪ゴム ●フェルトペン ●のり ●セロハンテープ ●ハサミ

早春 — おひなさま

[紙皿のゆらゆらびな]

ふたつ折りにした紙皿が、シーソーのようにロッキングします。
ゆらゆら楽しいおひなさまです。

難易度 ★☆☆

❶ 紙皿を半分に折り土台を作る

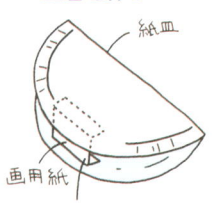

紙皿
画用紙
紙皿を半分に折り開かないように画用紙で留める

❷ 色画用紙で人形を作り①にはる

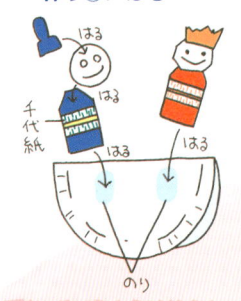

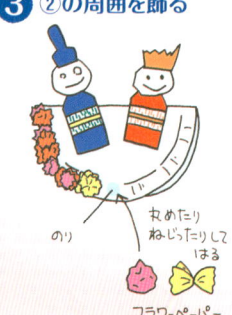

はる
千代紙
はる
のり

❸ ②の周囲を飾る

のり
丸めたりねじったりしてはる
フラワーペーパー

準備するもの ●紙皿 ●フラワーペーパー ●千代紙 ●画用紙 ●フェルトペン ●のり ●ハサミ

早春 / おひなさま

[紙皿の壁掛けびな]

紙皿に切り込みを入れて、おひなさまを飾る台を作ります。
周りに花を飾ると和モダンなリースになります。

難易度 ★★☆

保育者の準備
紙皿に半円形の切り込みを入れる

❶ 色画用紙で人形を作る

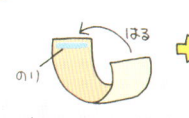

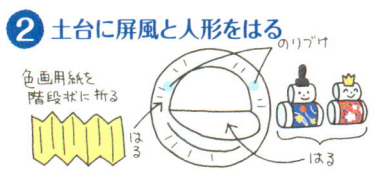

❷ 土台に屏風と人形をはる
色画用紙を階段状に折る

❸ ②の周囲を飾る
紙テープを裂いた鉛筆でカールさせる

準備するもの ●紙皿 ●色画用紙 ●千代紙 ●染め紙など ●紙テープ ●フェルトペン ●のり ●ハサミ

早春 | おひなさま

［おでかけバッグびな］

扉付きのバッグを作り、おひなさまを入れます。
飾りたい所にすぐに持ち運べて便利!

難易度 ★★★

❶ 色画用紙でカバンを作る

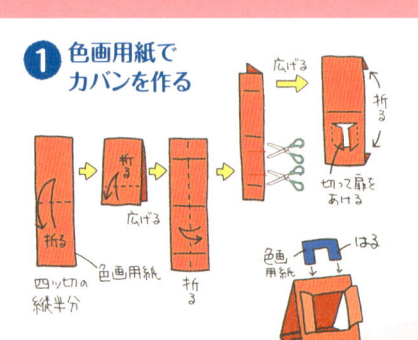

折る → 四ッ切の縦半分 色画用紙 → 折る → ひろげる → 切って扉をあける → 色画用紙 はる のりではり合わせる

❷ 色画用紙で人形を作る

色画用紙で円柱を作る のりづけ → はる 千代紙 → はる 色画用紙をはる → はる

❸ ①のカバンの中に②をはり、飾り付ける

重ねて切る → はる → 千代紙

準備するもの ● 色画用紙 ● 色紙 ● 千代紙 ● のり ● ハサミ

早春 ｜ おひなさま

［緩衝材のプチびな］

緩衝材で作った小さなおひなさま。
透明シートでラッピングして、持ち帰ってもいいですね。

難易度 ★★★

❶ トイレットペーパーの芯にフラワーペーパーを入れ、台を作る

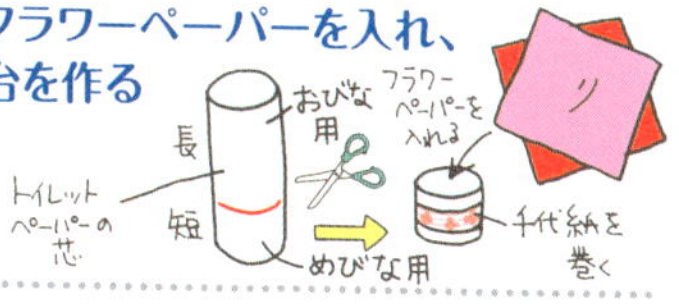

- トイレットペーパーの芯
- 長 おひな用
- 短 めびな用
- フラワーペーパーを入れる
- 千代紙を巻く

❷ 緩衝材でおひなさまを作り①に入れてはる

- 色画用紙
- 緩衝材
- 千代紙を巻く
- はる

❸ 入れ物を作る

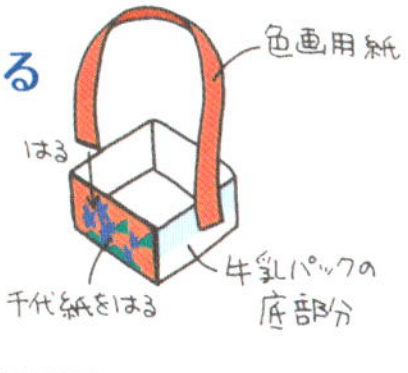

- 色画用紙
- はる
- 千代紙をはる
- 牛乳パックの底部分

❹ ③に②やひなあられ（色紙などを丸めたもの）をはる

- はる
- 木工用接着剤

準備するもの
● 緩衝材 ● フラワーペーパー ● 色画用紙 ● 色紙 ● トイレットペーパーの芯 ● 牛乳パック
● 千代紙 ● 油性フェルトペン ● 木工用接着剤 ● ハサミ

※緩衝材（かんしょうざい）とは荷作りなどに使う、ショックをやわらげるためのものです。

早春 ─ 卒園プレゼント

[おかたづけペン立て]

小さな箱や、トイレットペーパーの芯などを組み合わせて
入れる所がいっぱいの楽しいペン立てです。

難易度 ★☆☆

① トイレットペーパーの芯や小箱を適度な高さに切る

② 色紙やビニールテープ、シールなどで飾る

③ 土台の箱に②をはる

準備するもの ●小箱 ●トイレットペーパーの芯 ●色紙・シール ●ビニールテープ ●クリップ ●フェルトペン ●木工用接着剤 ●ハサミ

早春 ── 卒園プレゼント

［紙粘土のマグネット］

紙粘土に水性フェルトペンで色をつけてから作ります。
いろいろな形を自由に作ってすてきなプレゼントに。

難易度 ★☆☆

❶ カラー紙粘土を作る
（P.56❶参照）

❷ マグネットを①の紙粘土で覆う
紙粘土
マグネット

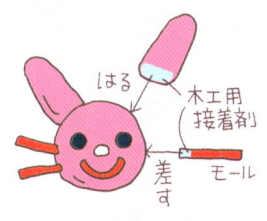

❸ 紙粘土、モール、ビーズなどに木工用接着剤を付けて②に飾る
はる
木工用接着剤
差す
モール

準備するもの ●紙粘土 ●マグネット ●モール ●ビーズ ●カラーゼムクリップ ●水性フェルトペンまたは絵の具 ●木工用接着剤

早春　卒園プレゼント

[1年生の時間割・カレンダー]

卒園をお祝いし、ていねいに
心を込めて作りましょう。

難易度 ★★☆

❶ 色画用紙で土台を作る

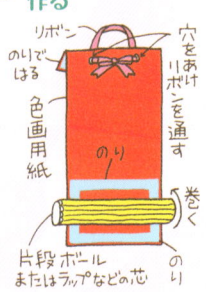

- リボン
- 穴をあけリボンを通す
- のりではる
- 色画用紙
- のり
- 片段ボールまたはラップなどの芯
- 巻く
- のり

❷ 時間割表やカレンダーを①にはる

時間割　はる

❸ ②に飾り付ける

左右に動くしかけ
- 画用紙の輪
- クリアファイルを切って両面テープではる
- クリアファイルを切ったもの
- 色画用紙
- はる

準備するもの
- 画用紙
- 片段ボールまたはラップの芯
- リボン
- 時間割表やカレンダー
- 千代紙・色紙
- クリアファイル
- フェルトペン
- のり
- 両面テープ
- ハサミ

バリエーション

アイディアしだいで
いろいろなものに展開できます。

早春 — 卒園プレゼント

掛け軸風

和紙や自然物を使った
やさしい色合いの贈り物です。

ポケット付き

プチプチシートのポケットに
メッセージが入れられます。

ペン立て付き

ロボットの後ろに細長い箱を
はってペン立てに。

クリップで留める

通したひもにクリップで
メモを挟むことができます。

早春 ― 卒園プレゼント

[小箱で作る小物入れ]

小箱を切って、ふた付きの小物入れを作ります。ふたの裏側にも
絵を描いておけば、開けてにっこり、もらった人も笑顔に!

難易度 ★☆☆

保育者の準備
小箱をカッターナイフで切り、ふたの部分をあけておく

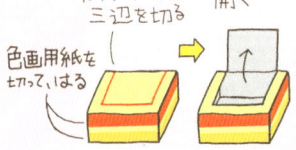

カッターナイフで三辺を切る → 開く
色画用紙を切って、はる

① ふたに色画用紙をはる
裏側に絵などをはる
色画用紙

② 紙粘土で人形を作り、ふたにはる
紙粘土
木工用接着剤ではる

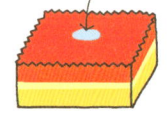

Point 中に、メッセージカードを入れておいてもいいですね。

準備するもの
- 小箱(紙製)
- 画用紙
- 紙粘土
- モール
- フェルトペン
- 木工用接着剤
- ハサミ
- カッターナイフ

食べ物屋さん

1年中

1月 2月 3月
4月 5月 6月
7月 8月 9月
10月 11月 12月

おしゃれ屋さん　　おもちゃ屋さん

一年中 ｜ 食べ物屋さん

✨[とろとろクリームのケーキ]✨

濃い目に溶いた絵の具をクリームに見たててたっぷりかけ、フラワーペーパーなどで飾ります。

難易度 ★☆☆

保育者の準備
- 絵の具を少量の水で濃いめに溶く
- 段ボールを丸、三角、四角に切る

① 段ボールにケーキの色を塗り広げる

段ボール

② ①の上に、クリームやフルーツに見たてた絵の具を塗り重ねる

①の絵の具が乾かないうちに塗り重ねる

③ フラワーペーパーを丸め、②の上にはる

絵の具が乾かないうちにはる

フラワーペーパー
はる

準備するもの ●フラワーペーパー ●段ボール ●絵の具

バリエーション

絵の具のクリームをかけると、おいしそうなケーキのできあがり!

一年中 ／ 食べ物屋さん

スポンジDEロールケーキ

スポンジに絵の具のクリームを塗りフラワーペーパーを置いて巻きました。輪ゴムで留めてからトッピング。

段ボールDEミルフィーユ

段ボールの間にフラワーペーパーと絵の具のクリームを挟んでいます。

カップDEムース

発泡スチロールのカップに絵の具をかけてトッピング。

発泡スチロールDEモダンケーキ

発泡スチロールにかけらをピックで刺し、絵の具のクリームをかけました。

一年中 ／ 食べ物屋さん

ちょき ちょき　ぺたぺた

✦ [トイレットペーパー粘土のミニケーキ] ✦

カップにトイレットペーパー粘土を入れ、のりと絵の具で作ったクリームをかけます。型を抜いても楽しいですね。

難易度 ★☆☆

❶ トイレットペーパー粘土を作る

- トイレットペーパーを入れて、よく混ぜる
- 水または色水
- 子ども用バケツ

❷ ①を容器に入れ、ケーキを作る

- トイレットペーパー粘土

❸ クリームで飾る

- クリーム

クリーム ビニール袋に絵の具とのりを入れ、もんでよく混ぜる。

- のり（洗濯のり または 絵の具 でんぷんのり）
- 切る
- ジッパー付きビニール袋

Point トイレットペーパーは、再生紙ではなく、フレッシュパルプ100%のものが、色がきれいで感触も柔らかです。

準備するもの
- トイレットペーパー ● 容器（プリンやゼリーなど）
- 水 ● 絵の具 ● のり ● ジッパー付きビニール袋
- ハサミ ● 子ども用バケツ

104

一年中 ／ 食べ物屋さん

[とろとろクリームのパフェ]

ペットボトルで作ったすてきなカップに、緩衝材などを入れて
絵の具のクリームをかけました。

難易度 ★☆☆

保育者の準備
- 絵の具を少量の水で濃いめに溶く
- カップを作る

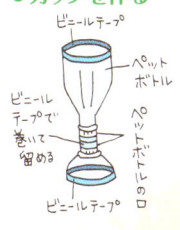

ビニールテープ
ペットボトル
ビニールテープで巻いて留める
ペットボトルの口
ビニールテープ

① 容器に緩衝材、綿、毛糸などを入れ、フラワーペーパーやアルミホイルは丸めて入れる

段ボール
綿
毛糸
緩衝材
割りばし
絵の具
フラワーペーパー

② 絵の具をスプーンですくい①にかける

スプーン
絵の具

準備するもの
- ペットボトル
- 緩衝材
- 毛糸
- 綿
- フラワーペーパー
- アルミホイル
- 絵の具
- 段ボール
- 割りばし
- スプーン
- ビニールテープ

※緩衝材（かんしょうざい）とは荷作りなどに使う、ショックをやわらげるためのものです。

一年中 ／ 食べ物屋さん

[おいしいドーナツ屋さん]

クラフト紙をねじったり丸めたりして作ります。
好きな味つけやトッピングを楽しんでね。

難易度 ★☆☆

❶ クラフト紙をねじり輪にして接着剤で留める

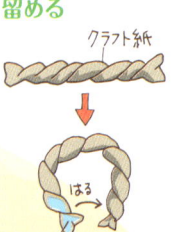

クラフト紙

はる

木工用接着剤

❷ のりを混ぜた絵の具を塗る

絵の具＋のり

❸ トッピングする

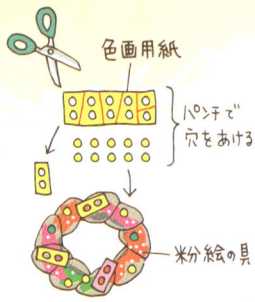

色画用紙

パンチで穴をあける

粉絵の具

準備するもの
- クラフト紙
- のりを混ぜた絵の具
- 色画用紙
- 粉絵の具
- 木工用接着剤
- ハサミ
- 一穴パンチ

一年中 食べ物屋さん

[サンドイッチアラカルト]

スチレン皿やスポンジをパンに見たてて具を挟みます。
マヨネーズに見たてたのり入りの絵の具で接着します。

難易度 ★★☆

保育者の準備

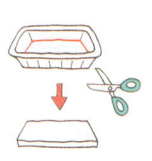

Ⓐ スチレン皿の縁を切り落とし板状にする

Ⓑ スポンジを三角に切る

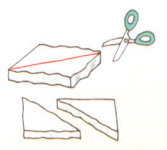

❶ ⒶやⒷにのりを混ぜた絵の具を塗り、もんだ色画用紙やフラワーペーパーを重ねて挟む

❷ ①を容器に入れたり包んだりする

Point あまり重ねすぎると、ハサミで切りにくくなります。無理なようなら、保育者が切るようにしましょう。

準備するもの ●スチレン皿 ●スポンジ ●フラワーペーパー ●のりを混ぜた絵の具 ●色画用紙 ●容器 ●ラップ ●クラフト紙 ●ハサミ

107

一年中 ／ 食べ物屋さん

[にこにこ弁当]

いろいろな素材を用意してオリジナルの弁当を作りましょう。
ニコニコおにぎりもかわいいですね。

難易度 ★★★

おにぎりⒶ

1. 黒画用紙で三角を作る
2. 丸めたティッシュペーパーを1枚のティッシュペーパーで包み①の中に入れる
3. 目や口などをはる

緩衝材

3種の肉巻き

橙・緑・白の色画用紙を棒状にねじる

よくもんだ茶色の画用紙で巻く

シューマイ

紙を丸めて詰める（内側）

アルミカップの間に挟んである白い紙（外側）

準備するもの
- 色画用紙
- ティッシュペーパー
- アルミカップ
- プチプチシート
- 毛糸
- フェルトペン
- ハサミ

※緩衝材（かんしょうざい）とは荷作りなどに使う、ショックをやわらげるためのものです。

おかず いろいろ

いろいろな素材に目を向けましょう。

一年中 ／ 食べ物屋さん

玉子焼き
- **A** 黄色の画用紙の上に黄色のフラワーペーパー、プチプチシート、黒画用紙を重ねて巻く 
- **B** 黄色の片段ボールを使用して作る

エビフライ
1. ティッシュペーパーを中に入れ紙で巻く
2. しっぽを付ける
3. 表面にのりを付け細かくきざんだクラフト紙をまぶして付ける

ミートボール
茶色の画用紙を丸める

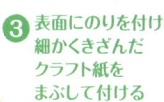

キャベツの千切り
緑色系の色画用紙をもんでしわを作り、細く切る 

スパゲッティー
色画用紙を切って具を作り、毛糸と合わせる

バラン
正方形の色画用紙の中央あたりをギザギザに切って2枚作る

タコさんウインナー
1. 赤の色画用紙に切り込みを入れカールさせる
2. 丸めて筒状にし、目や口を付ける

割りばし
画用紙の片側を斜めに切り、折ってはる

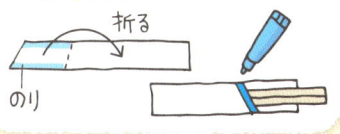

一年中　おしゃれ屋さん

✨[おしゃれな洋服屋さん]✨

カラーポリ袋をベースにいろいろな素材を飾り付けて作ります。
みんなで楽しくファッションショーを!

難易度 ★☆☆

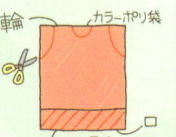

① 洋服
輪／カラーポリ袋
すそを短くしたい場合は切る

② 洋服（前開き）
輪
前の1枚のみを切る

③ マント
スズランテープ
裏
セロハンテープで留める
袋を切り1枚にする

④ エプロン
スズランテープ
裏
輪
スズランテープの端を結びテープで留める

☆Point☆
- ハサミは滑らすようにすると切りやすい
- 切り取ったポリ袋はポケットやベルト、リボンとして利用
- ポリ袋には、のりでは接着できないため、テープ類で接着

準備するもの
- カラーポリ袋
- 飾りに使う材料（シール、紙テープ、フラワーペーパー、色紙、レースペーパー、スズランテープ、ビニールテープ など）
- セロハンテープ
- 両面テープ
- ハサミ

バリエーション

カラーポリ袋の切り方しだいで、いろいろなものができますよ。

一年中 おしゃれ屋さん

エプロン
お店屋さんごっこにも使えます。

はおりもの
前開きで、脱ぎ着がしやすいですよ。

マント
マントを着れば、かっこよく大変身。

一年中 おしゃれ屋さん

[クラフト紙のポンチョ]

クラフト紙の風合いを生かした、
ちょっとシックでおしゃれなポンチョです。

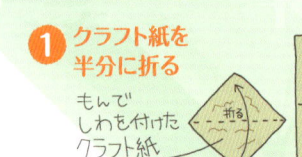

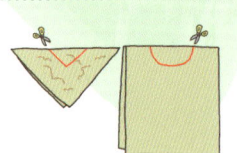

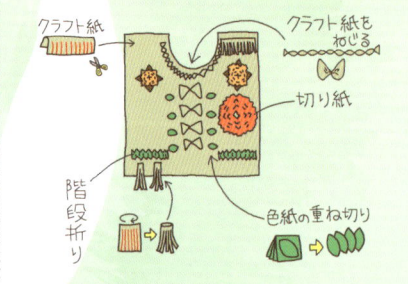

難易度 ★★☆

① クラフト紙を半分に折る

もんでしわを付けたクラフト紙

② 衿口を切る

③ 色紙やクラフト紙を使い、②に飾り付ける

クラフト紙

クラフト紙をねじる

切り紙

階段折り

色紙の重ね切り

準備するもの ●クラフト紙 ●色紙 ●のり ●ハサミ

112

一年中　おしゃれ屋さん

[アイディアいっぱい！ かんむり]

ゴム付きの紙帯（ベルト）に、いろいろな飾りを付けてみましょう。
これをかぶると、何にでも変身！

難易度 ★★☆

保育者の準備　ベルトを作る

ホッチキスで留め
上からセロハンテープ
でカバーする
輪ゴム　厚紙

① 色画用紙でかんむりや羽根を作る

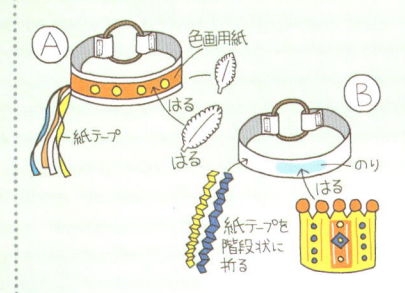

Ⓐ 切る → 細かく切り込みを入れる

Ⓑ 色紙　色画用紙　はる

② ベルトに①をはり、飾り付ける

Ⓐ 色画用紙　はる　紙テープ

Ⓑ はる　のり　紙テープを階段状に折る

準備するもの　●色画用紙　●厚紙　●色紙　●のり　●セロハンテープ　●紙テープ　●ホッチキス　●輪ゴム　●ハサミ

一年中 おしゃれ屋さん

[画用紙で作るキャップ&ハット]

色画用紙の輪に帯状の紙を付けて帽子を作ります。
飾り方でいろいろな帽子に大変身!!

難易度 ★★★

① 帽子のつばを作る

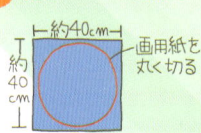

約40cm　画用紙を丸く切る

半分に折って頭が入る部分も切り抜く

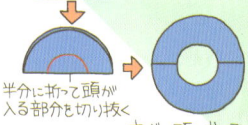

広げて頭のサイズに合わせて調節する

② ①に飾り付ける

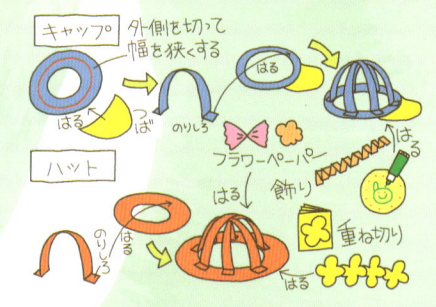

キャップ　外側を切って幅を狭くする

はる　つば　のりしろ

ハット

のりしろ　はる　はる

フラワーペーパー　はる　飾り　重ね切り

準備するもの
- 約40cm四方（四ツ切の短いほうの長さ）の色画用紙
- 帯状に切った（約40cm×3cm）色画用紙
- 飾りに使う材料（フラワーペーパー、色画用紙、色紙、フェルトペン など）
- のり

一年中 おしゃれ屋さん

[牛乳パックのおしゃれ靴]

子どもの足のサイズにピッタリ！ じょうぶで、実際に履けるのが楽しいですね。

難易度 ★☆☆

保育者の準備
牛乳パックを切り抜いて穴をあける

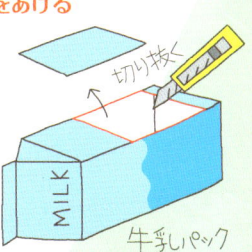

切り抜く / 牛乳パック / MILK

木工用接着剤で飾り付ける

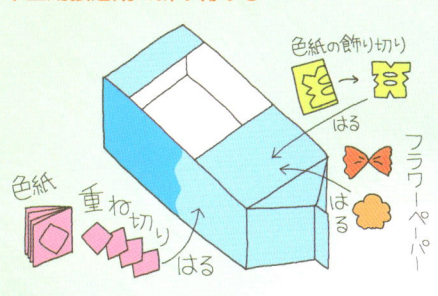

色紙の飾り切り / はる / フラワーペーパー / はる / 色紙 / 重ね切り / はる

Point 飾り付けは、左右同じにならなくてもOKです！

準備するもの
- 牛乳パック（1ℓ）
- 飾りに使う材料（フラワーペーパー、紙テープ、色紙、ビニールテープ など）
- のり
- 木工用接着剤
- ハサミ
- カッターナイフ

一年中 / おしゃれ屋さん

［紙袋の動物リュック］

紙袋を使っているので、軽いものなら入れることができます。
大好きな動物をはって、オリジナルリュックのできあがり！

難易度 ★☆☆

保育者の準備
紙袋に持ち手をはる

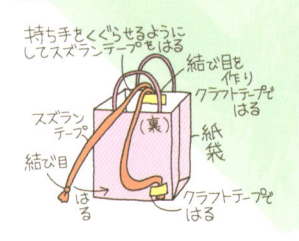

- 持ち手をくぐらせるようにしてスズランテープをはる
- 結び目を作りクラフトテープではる
- スズランテープ
- （裏）紙袋
- 結び目
- はる
- クラフトテープではる

① 色画用紙で動物を作る

はる　耳

② 紙袋のリュックに①をはり、飾りを付ける

はる　フラワーペーパー

Point　表面をコーティングしてある紙袋には、木工用接着剤を使ってください。

準備するもの
- 紙袋
- 色画用紙
- スズランテープ
- フラワーペーパー
- のりまたは木工用接着剤
- クラフトテープ
- ハサミ

一年中 おもちゃ屋さん

[いっしょに遊ぼう！ ビー玉転がし]

紙製作の技法を使いトンネルやビー玉の転がるコースを作ります。
できあがったらお友達と交換して遊びましょう。

難易度 ★★☆

❶ 細長い紙にのりしろを作る

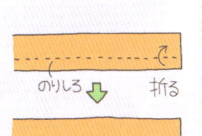

のりしろ　折る
折り目まで切り込みを入れる

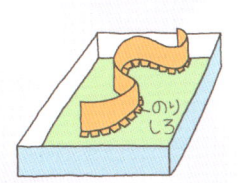

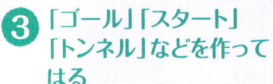

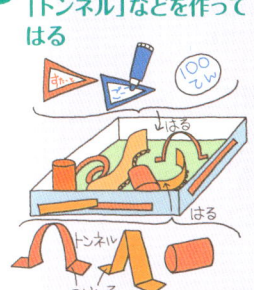

❷ 箱の中に①をはり迷路を作る

のりしろ

❸ 「ゴール」「スタート」「トンネル」などを作ってはる

はる
はる
トンネル
のりしろ

Point ビー玉の代わりに、アルミホイルや粘土を使用してもいいですね。

準備するもの ●箱 ●ビー玉 ●色画用紙 ●フェルトペン ●のり ●ハサミ

一年中 おもちゃ屋さん

[お友達いっぱい！指人形]

指人形をつけると、お友達との会話もうんと弾みます。
遊んだら牛乳パックのお家へおかたづけ。

難易度 ★★☆

❶ 画用紙で筒を作る

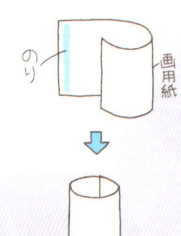

のり／画用紙

❷ フェルトペンで描き、切り取る

画用紙／切る

❸ ②を①にはる

のり／はる

準備するもの ●牛乳パック ●画用紙 ●フェルトペン ●のり ●ハサミ

お花の絵を見てみると…

一年中 ｜ おもちゃ屋さん

[キラキラシートで作る万華鏡]

キラキラシートとトイレットペーパーの芯で作った手作り万華鏡。描いた絵を見てみると…！

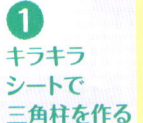

難易度 ★★☆

① キラキラシートで三角柱を作る

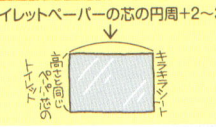

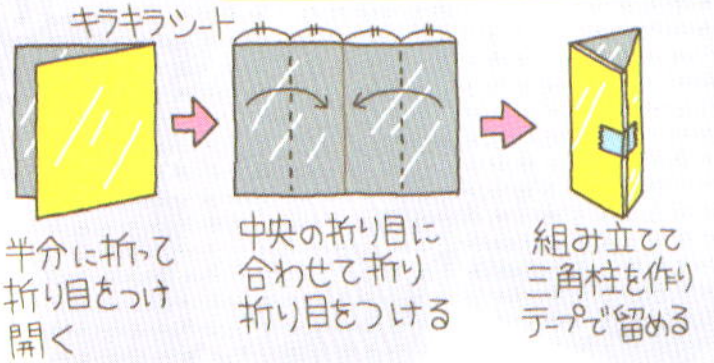

キラキラシートのサイズ
トイレットペーパーの芯の円周＋2〜3mm

- 半分に折って折り目をつけ開く
- 中央の折り目に合わせて折り目をつける
- 組み立てて三角柱を作りテープで留める

② トイレットペーパーの芯の中にキラキラシートを入れる

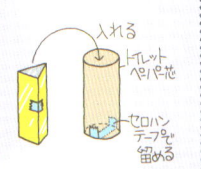

セロハンテープで留める

③ トイレットペーパーの芯に千代紙や染め紙などを巻く

Point いろいろなものを万華鏡に近づけて、のぞいてみよう！きれいな発見がいっぱい。

準備するもの
- トイレットペーパーの芯
- キラキラシート
- 千代紙
- 染め紙やマーブリングの紙など
- のり
- セロハンテープ

一年中 | おもちゃ屋さん

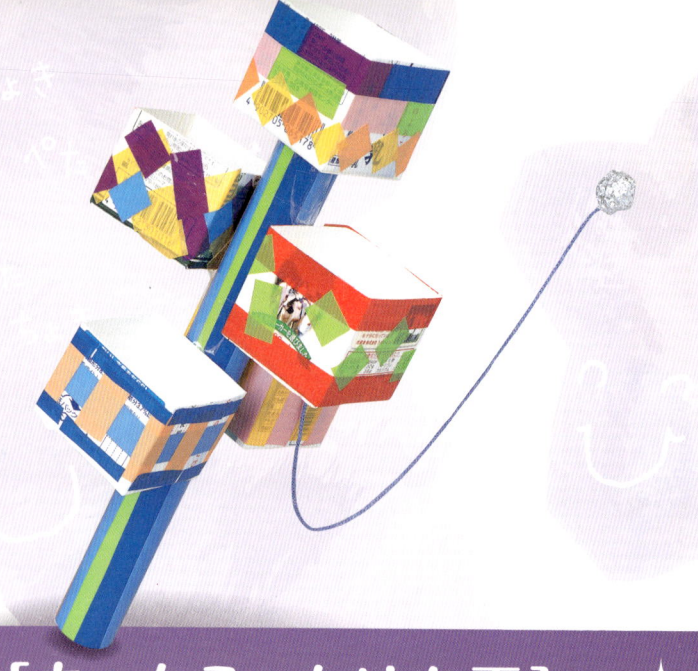

［あっちこっちけん玉］

牛乳パックの受け皿に、
点数をつけると楽しいゲームになります。

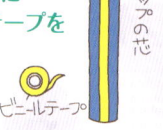

難易度 ★★☆

❶ ラップの芯にビニールテープをはる

ラップの芯
ビニールテープ

❷ 牛乳パックの底を切り、受け皿を作る

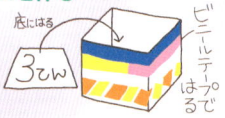

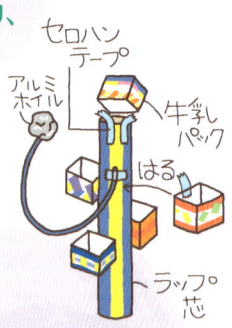

底にはる
3てん
ビニールテープではる

❸ ①に②をはり、玉を付ける

セロハンテープ
アルミホイル
牛乳パック
はる
ラップ芯

準備するもの ●牛乳パック ●ラップの芯 ●アルミホイル ●ひも ●セロハンテープ ●ビニールテープ

製作
基本の き

用具の基本的な使い方
紙製作の基本
素材の使い方
平面技法いろいろ

製作 基本のき 用具の基本的な使い方

ハサミ

〈持ち方〉 
親指を上にして持ち、ハサミの口を大きく開き、刃の根本の方で切る

〈切り方〉 
ハサミの位置は動かさず、紙を切りたい方向へ動かして切る

●丸を切る 
ひとつの角から切り始める
紙を回しながら丸く切っていく

難しいときは  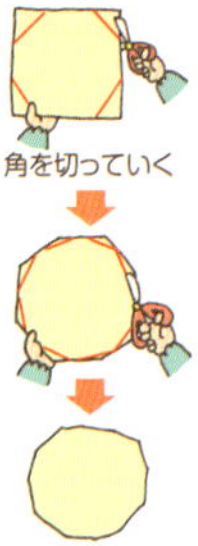
角を切っていく

テープ

〈セロハンテープ〉 
引っ張って斜めに切る

長く切るときは 
両手を使う

〈ビニールテープ〉
I はってから切る
II 輪を下にして切る

〈両面テープ〉 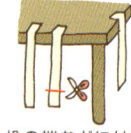
机の端などに付けておき、必要な長さを切り取って使う

のり

〈用意するもの〉
手ふき用タオル（水でぬらしておく）
のり台紙
広告紙など

〈のりの付け方〉
●小さい紙
真ん中にのりを付け、塗り広げる

●大きい紙 
紙の端に沿ってのりを付け、真ん中にも少量塗る

〈のりでつなぐ〉 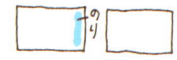
重なる部分にのりを付けてはる

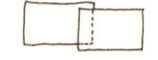

〈のりしろを作る〉
●平面を立てる　●円柱 　●円すい 　●トンネル 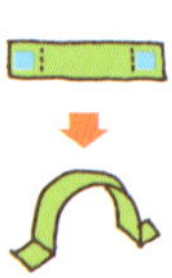　●三角

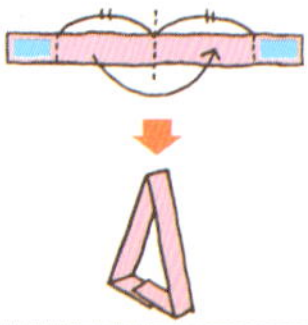

紙製作の基本

製作 基本のき

〈階段折り〉
紙を「前、後ろ…」と倒すように交互に折る

輪にする場合
のり

〈カール〉
鉛筆などに巻き付けてカールさせる

〈リング〉
のり
のりは少なめに付け、しっかり押さえる

〈じゃばら折り〉
のり

〈窓を開ける〉
ふたつに折る　切る　広げる　折る　切る

〈円柱〉
のりを付ける
のり
手を中に入れて押さえる

〈円すい〉
両手で挟み込むようにして押さえる

〈四角柱〉
のりしろ
のりではる

123

製作 基本の き — 素材の使い方

フラワーペーパー

〈丸める〉 
手のひらにのせてクルクルと丸める

〈つまんでねじる I〉
真ん中をつまんでねじる

〈つまんでねじる II〉
フラワーペーパーを折り畳み、左右の親指とひとさし指でつまんでねじる

クレープ紙

準備
伸びる方向を確認して…
畳むと切りやすい

〈つまんでねじる〉 
左右の親指とひとさし指でつまんでねじる

フラワーペーパー、和紙、障子紙、紙テープでもOK!

〈つまんで伸ばす〉 
両手の親指をくっつけて…手首をくっつけるように広げる

片段ボール

〈筒状にする〉
縦目を利用して丸める

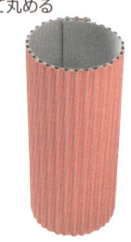

〈階段折り〉
横目を利用して谷折り、山折りを繰り返す

〈ちぎる〉
横目にしてちぎる

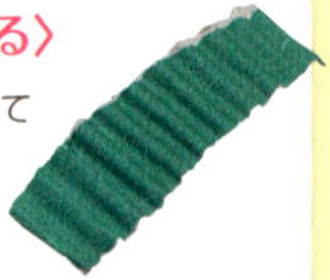

モール

〈ねじって結ぶ〉
- モールを交差させて巻く
- つまんでねじる

〈形を作る〉
- 鉛筆などに巻く
- ギザギザに折る

スズランテープ

〈裂く〉
- 束ねて片方を留める
- 裂く

アルミホイル

〈丸める〉
- 手のひらで丸める

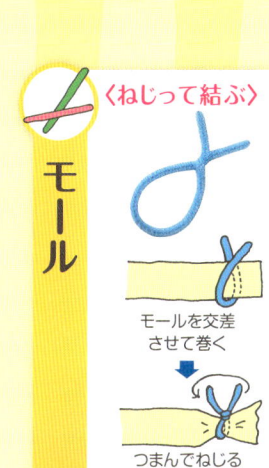

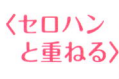

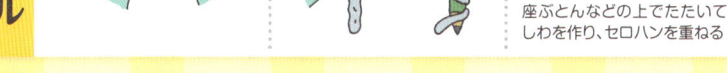

〈棒状にする〉
- 鉛筆などに巻く

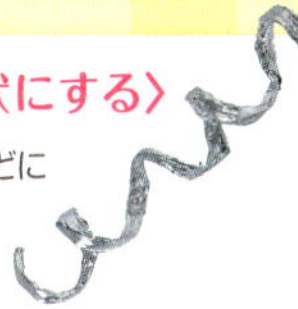

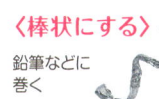

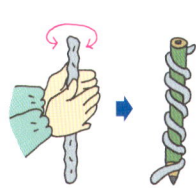

〈セロハンと重ねる〉
- 座ぶとんなどの上でたたいてしわを作り、セロハンを重ねる  

でんぐり

〈ふたつ折りの画用紙にはる〉  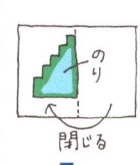
- でんぐりにのりを付け、中央の折り線に合わせてはる 
- 閉じる
- 画用紙を閉じてしっかり押さえる
- 開く

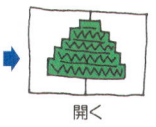

〈形のおもしろさを楽しむ〉
- でんぐりは途中で捨ててしまわずすべて使い切るつもりで、偶然できた形のおもしろさを楽しもう!

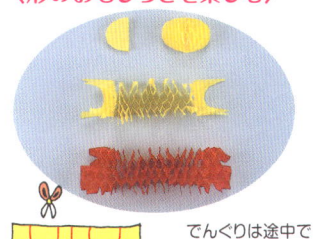

製作 基本の き 平面技法いろいろ

染め紙

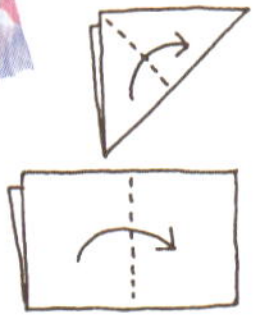

障子紙または和紙を2、3回折る

角を色水につけ、容器の側面に押しつけて水を切る

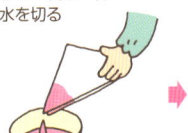

それぞれの角を色水に付ける

はじき絵

①  クレヨンで描く

② クレヨンの上から絵の具を塗る

にじみ絵

A 水性フェルトペンを使う場合

① 障子紙または和紙に水性フェルトペンで描く

② 霧吹きをかけにじませる

B 絵の具を使う場合

①   紙の中央にカップで水をたらし、手で広げる

② 筆で絵の具を置いていく

混ざってもきれいな色を選びましょう。三原色（赤・青・黄）や補色（赤と緑、黄と紫など）はNG！

デカルコマニー

ふたつ折りにした画用紙を開き、片側に、絵の具をスプーンでたらす

半分に折り、手のひらで押さえる

マーブリング

- トレーに水を入れて…
- 丸い紙の上に彩液を落とす
- または
- 彩液を含んだ筆で水面につける
- 割りばしなどで水面をそっと混ぜ、模様を作る
- 紙を静かに乗せ、2〜3秒後にそっとめくる

ローリング

- トレーに絵の具を出し、ローラーでむらなく伸ばす
- 絵の具
- 紙の上に葉などを置きローラーを転がす

スタンピング

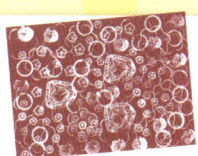

〈スタンプ台〉
- スポンジに絵の具を染み込ませる 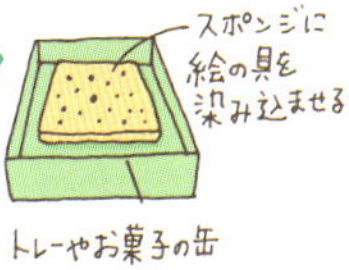
- トレーやお菓子の缶

〈スタンプ〉
- 野菜：オクラ、レンコン、ピーマン
- 容器：プリンの容器
- 段ボール

スクラッチ

約8×10cmの小さめの画用紙を使用

- パス（パステラ、クレパスなど）で薄い色（黄・桃・水・黄緑など）を塗る
- 濃い色（赤・青・緑・紫・茶・黒など）を上から塗り重ねる
- 割りばしで描く

〈著者〉

村田　夕紀（むらた　ゆき）
四天王寺大学短期大学部保育科准教授
造形教育研究所「こどものアトリエ」主宰

内本久美（うちもと　くみ）
近大姫路大学教育学部
こども未来学科通信教育課程非常勤講師

〈製作者〉
村田夕紀
内本久美
花岡千晶（大阪国際大学短期大学部幼児保育学科非常勤講師）
大島典子
太田千鶴
岡田奈津子
七野智世
堂元八栄
西村久美子
南　睦之
力身美子

〈撮影協力〉
大阪府茨木市たんぽぽ保育園

〈モデル〉
加藤孝太朗・棚橋美奈（株式会社MC企画・キャストプラン）

〈イラスト〉
はやはらよしろう
杉生理佐子
イマイフミ
ちょこちっぷ
ともべあり
ホシノユミコ

〈写　真〉
佐久間秀樹（アサヒフォトスタジオ）

〈本文レイアウト〉
株式会社サンヨーシーティエス
はやはらよしろう・杉生理佐子

〈企画・編集〉
藤濤芳恵・安藤憲志

〈校　正〉
堀田浩之

ハッピー保育books③

カンタン！スグできる！製作あそび

2009年10月　初版発行
2012年 1月　11版発行

著　者　村田夕紀・内本久美
発行人　岡本　健
発行所　ひかりのくに株式会社

〒543-0001　大阪市天王寺区上本町3-2-14　郵便振替 00920-2-118855　TEL.06-6768-1155
〒175-0082　東京都板橋区高島平6-1-1　郵便振替 00150-0-30666　TEL.03-3979-3112
ホームページアドレス　http://www.hikarinokuni.co.jp

印刷所　凸版印刷株式会社
©2009　乱丁、落丁はお取り替えいたします。

Printed in Japan
ISBN978-4-564-60751-6
NDC376　128P　18×13cm